死ぬのはこわくない

それまでひとりを楽しむ本

精神科医
和田秀樹

興陽館

はじめに――みんな死ぬんだから

死ぬのはこわいことではありません。
みんな死ぬのだから、恐れたり怯む必要もありません。
必要以上にこわがったり、不安になることもないのです。

年間200人の方を看取ってきて、死の実情をこの目で見てきた私だからそう言えます。

それでも、たとえ「死ぬのはこわくない」と口にしている人でも、本心では「死にたくない」と思っていたりします。年をとるほど、そのように思う人が多くなるようです。

自分は決して死なないと思っているので、死という避けられない現実を見たくないのかもしれません。

人は死ぬことにも死なれることにも恐怖と不安を抱くものです。

それでも、もしあなたが夫や妻、家族を亡くしてひとりぼっちになって、ずっと悲しみに時間を費やしているとしたらはっきりいってバカげている。

そんなことよりも、その日まで、自分らしく自由に楽しく生きることに時間を使うべきなのです。

せっかくひとりになったのだから、その日までせいいっぱいひとりを楽しんでください。自分の時間を思い切り充実させて暮らしてみてください。

死がこわくて不安になる、夫や妻、家族といった大切な人の死をずっと悲しんでいる、そんな不安を抱いている時間はもったいない。

なぜなら、遅かれ早かれ、誰もが等しく経験することだからです。

当たり前に、皆さん年をとれば、自然に死んでいくのです。

私は、浴風会病院という高齢者専門の総合病院に長い間勤務していました。在院者の平均年齢が85歳くらいの病院だったので、死に立ち会うことも多く、その数は年間200人以上、つまり二日間当直をすると、一回は誰かが死ぬというわけです。

当たり前の日常の中で、誰かが死んでいくのです。

大勢の死を見てきた私からいわせると、死は特別なものではありません。まったくドラマティックじゃないし、ごく平凡に訪れるものです。ほとんどの人が死というものを自分の身に起こる劇的なものであるようにイメージしていると思いますが、それは間違いです。

死が近づいているときに、意識がはっきりしている人はいないので、今、死んでいっているという自覚はありません。だいたいの人は死ぬ何日か前から意識がないので、「このままじゃ死んでしまう」などという恐怖を感じる感覚もないのです。

ドラマや映画のように、死ぬ寸前に家族を呼んで何かを言い遺すという人を見たこともほとんどありません。例外的に、長い間ガンを患っていた高齢の患者さんが亡くなるときに「今までありがとう」と酸素マスクを外していうことはありますが、それぐらいです。のたうちまわって苦しんで死んでいくなどという人も、見たことがありません。

たいていは、生が緩やかに変化していく先で、グラデーションが薄くなって死へ移行するというと分かりやすいでしょうか。その場合、最期は寝たきりになり、「あれ、また眠っているなぁ」とまわりの人が思う時間が増えます。そして、目を覚ますことが減り、死んでいくのです。

死について考えるなら、死生観を持つことを意識してください。これからは

「自分がどんなふうに生き、死んでいきたいか」という死生観を具体的に持つといいと思います。死ぬのがこわいとむやみに不安に感じたり、家族や大切な人たちの死をなげき悲しみながら生きるより、よっぽど意義のあることです。

私自身が、死生観について考え始めたきっかけについて話しましょう。

実は、一度だけ死を覚悟したことがあるのです。

数年前、血糖値が急に上がり、一か月で5キログラム体重が減少したことがありました。結果的には糖尿病でしたが、膵臓ガンが疑われ、多くの検査を受けることになったのです。もし末期の膵臓ガンであれば、余命はせいぜい2年です。

そのときに「膵臓ガンだった場合、治療は受けない」と真っ先に決めました。当時、抱えていた仕事も相当ありましたし、書きたい本もたくさんありました。治療をすれば体力が落ちて、やりたい仕事ができなくなると思ったのです。

膵臓は肝臓とともに「沈黙の臓器」と呼ばれていて、自覚症状が出たときには、かなり進行していることがほとんどです。もしガンだった場合、つらい治療をして心身ともにボロボロになって死ぬのは嫌だと思いました。

どうせ死ぬなら、症状の出ないうちに思いっきり仕事をしよう。そして、借りられるだけお金を借りて（踏み倒される側の方には大変申し訳ありません）、つくりたい映画を撮ろうと決めました。

何の治療もしなければ、ガンは比較的死ぬ寸前まで動ける病気です。動けるうちは、好きな旅行もできるでしょう。美味しいものを食べる体力もまだあるはずです。

人生の最期に、なるべく長く元気でいて、好きなことをやりたい放題やって死んでいく。これが私の死生観です。このとき、はっきりと分かりました。

結局、いくつか受けた検査でガンは見つかりませんでしたが、この考えは今の生きかたに活かされています。死生観を持つことにより人生の方向性が定まり、ずいぶん生きやすくなりました。

死は、生の延長線上にある現象に過ぎません。恐れることもないし、過剰に意識する理由もありません。何より、いずれみんな死ぬんだから、ビクビクしていても仕方ないでしょう。

もし心安らかに旅立つことを望むなら、楽しくて笑顔がこぼれてしまうような思い出をたくさんつくってください。今からでも充分間に合います。これまでしようと思っていたけど縁がなくできなかったことや、躊躇していたことには、迷わず挑戦しましょう。そうした経験で得られる喜びは、これから生きていく力につながります。

人は、長く生きれば生きるほど孤独になるものです。

大切な人と死別して、自分はひとりぼっちだと悲しんでいる人も多いでしょう。ひとり遺されたショックに、立ち直れないんじゃないかとこわくなるかもしれません。

しかし、そんな中でも多くの人が幸せに生きている、これもまた事実です。そんな悲しみ（グリーフ）から立ち直って、死を見つめながらもひとりで軽やかに人生を歩いていくのです。

孤独を楽しめるかどうかは、高齢者にとって重要な問題です。

本書『死ぬのはこわくない』では、いつか自分も死を迎えるその日までどう人生を楽しむかについて書きました。

大切な人を失った悲しみからどう立ち直るか、寂しさをどう解消するか、ひとりになってからの楽しく生きるためのヒントや心構えをたくさん紹介しています。毎日の過ごしかたのモデルや、具体的な食事のメニューまで網羅しました。そして、ひとりで生きていくときにぶつかる4つの壁の越えかたについても書きました。

ひとりになったからこそ幸せに生きる術がある、孤独には孤独の楽しみかたがあるんだということを知っていただきたい。私は、そう思っています。

死ぬことに怯えたり、大切な人の死をなげき悲しむ日々は、もう今日で終わりにしましょう。**ひとりでもできること、ひとりだから楽しめることはいくらでもあります。やりたいことがあれば、ひとりでも退屈しないで暮らしていけます。**

私は、孤独から目を逸らさないで、受け入れようとしているあなたを最後まで応援したい。ひとりでも、寂しさを感じることなく朗らかに生きていくことは必ずできるのです。

そうして毎日に笑顔を増やして、楽しい思い出を抱きながら旅立つことこそ、最高の死にかたなのではないでしょうか。

繰り返しになりますが、いつかは誰もがみんな死にます。

ただ早いか遅いかだけの違いにすぎません。誰もが順番に通る道です。

いつか、その日がくるまで、自分らしく楽しく明るく生きよう、そう心に決めれば、どこからか勇気がわいてきます。表情がパァッと明るくなります。

そう、人生はまだまだこれからなのです。楽しむ時間は充分に残されています。

自分の好きに生きればいいのです。


本書が、新しい第一歩を踏み出すきっかけになれば幸いです。

2025年　和田秀樹

死ぬのはこわくない　目次

第二章

死ぬまで楽しむ

――ひとりで自由に生きる

第三章　ひとりを楽しむ方法はいっぱい
――ひとり時間の楽しみかた

第四章 寂しさが消えるとうんと楽になる

――孤独の越えかた

第五章 4つの壁を越える

——「認知症」「ガン」「うつ」「依存症」

第六章 ひとり老後は最高
——いつまでも元気でいる食事とお金

第一章

くじけないで

大切な人や家族が死んでも

いつまでも悲しむのはバカ

長く生きれば、それだけまわりの人が亡くなっていきます。多くの死を見送ります。自分が死ぬことを想像するのと同じように、夫や妻、親、子供といった家族の誰か、友人、ペットなど、身近な関係の誰かを死という現象で亡くしてしまうことは、耐えがたい悲しみをもたらします。これまでずっと隣にいた場所にぽっかりと穴があく。その状況に慣れず、動揺するのはよく分かります。そうなのですけれども、そんなことに怯まないでください。くじけないでください。ましてや、いつまでも悲嘆に暮れて、泣き続けるなどということは、バカのすることです。即刻やめてください。**その悲しみの理由の一つは、脳内のセロトニンが減少しただけです。**

隣に人がいないからまったく眠れない。食欲が全然わかない。そんな状態なら、それはもう、普通に考えてうつ病なので、我慢しないで、病院にかかるべきです。早めの診断が肝心です。ヘボな医者に当たらない限り、対象喪失型のうつ病は治ります。

一般的に、喪失体験のショックは、数か月から一年ほどで収まるとされていますす。いつまでも「あの人がいれば」「あの人がいてくれたら」と考えてしまうのは、ないものねだりに他なりません。**現実を受け入れて、新しい世界を生きていく覚悟を決めましょう。**どうせ、人間は必ず死ぬんです。みんな死ぬんだからあきらめることも肝心です。みじめに置いてけぼりにされた。ひとり遺されたなどと考える必要はありません。開き直ることも重要だと思います。

こう考えてください。**ひとりになったということは、思い通りの人生が歩めるということです。**解放されたといってもいいでしょう。清々した。そう感じる人もいるくらいです。ひとりを恐れる必要はないと、考えかたを変えてしまうのです。自分を束縛するものからどんどん抜け出して、自由に生きる。嫌なこと、我慢しなければいけないことはもう何もないと考えると、気持ちに余裕が生まれて、楽になります。楽になると、ひとりぼっちが気にならなくなるのです。これからは、やっと自分のために生きられるようになったのです。人間にとってこれほどの幸せはありません。

すぐに元気になる

大切な人が亡くなったとき、心にぽっかり穴があいたような喪失感が生まれます。

喪失体験には急性期と慢性期があります。四十九日までは、心が落ち着かず、悲しみに暮れてしまうのは仕方がないことです。それでも、ほとんどの人は立ち直っていきます。

私が現時点で診ている女性の患者さんの話をしましょう。もともと老人性のうつのある方でしたが、夫を亡くしてしまってから、状態が非常に悪くなってしまいました。さすがの私も「これ、本当によくなるのかな」、そんな不安が胸をよぎるほどだったので、どれほどひどい状態だったのか、お察しください。

女性は、まったく何もしなくなり、外にも一歩も出られなくなってしまいました。それでも、きちんと薬を出し、生活のアドバイスを続けていたら、あるとき、霧が晴れたかのように、急によくなったのです。今は、二世帯住宅にするため、家を建て替えたり、旅行を楽しんだりしています。夫を亡くす前より元気な状態だといえます。これが現実です。

人が死を受け入れるまでには、**否認→怒り→取引→抑うつ→受容**という5つの心理的段階を踏むといわれています。インターネットなどで調べると、こう書かれていることでしょう。概ね、この通りです。しかし、だからといって、悲しみに備えてびくびくと策を練るようなことは、私は必要ないと思っています。

なぜなら、人の心はそんな教科書通りには動かないからです。ガクンと深く落ち込んだかと思ったらすぐにケロッとする。あるいは、亡くした直後は大丈夫だったのに、四十九日が過ぎてから急に悲しみが押し寄せ、一年くらいうつっぽくなってしまった。そんな人もいます。

喪失に立ち向かうには、自分なりにあきらめをつけることが大切だと私は思っています。まず、死んだ人は帰ってこないという当たり前のことに気がついてください。確かに急性期にあきらめろというのは少し酷かもしれません。それでも、しばらくしてひとり暮らしに慣れてくると「意外にひとりでも生きていけるんだな」、そう思えてくるようです。ずっとうつ状態が続いてしまう人は、圧倒的に少ない。立ち直る人のほうがはるかに多いです。

どんなに悲しくてもいつかは、必ず楽になります。私がみている限りは、皆さんそうなので、おそるるに足らずです。どんと構えてゆったりいきましょう。

悲しむと血栓ができる

伴侶を亡くした人が、あとを追うようにあっという間に死んでしまった。そんな話を聞いたことがあるでしょう。実際、こういったことが起こるのは事実です。経験上、特に、妻を亡くした夫。遺された側が男性だった場合「よくある」ことだといえます。

理由は、**免疫力の低下**です。

年をとると、そもそも免疫力は若い頃より低下していきます。そこに、深い悲しみによるうつ状態が引き起こされると、免疫力はがくんと落ちてしまうわけです。そうなると、それまで体に潜んでいたガンが大きくなったり、転移したりしてしまいます。それが原因です。

妻や夫が死んだからガンになるということはないですが、70代80代の人で、調べてみたらガンがあるという人はまぁまぁいるはずです。事実、私が浴風会病院に勤務していた当時、年に100人ほどの解剖結果を目にしていましたが、85歳を過ぎた人の体内には、必ずガンがありました。**うつになり、免疫力が低下すると、隠れていた病気が悪さをしだすのです。**それが、死期を早める要因の一つとなっているのでしょう。これは避けなくてはなりません。

また、悲しみに暮れ、家から一歩も出ず、食が細くなるというのもよくないことです。年をとればとるほど、栄養が足りないと体はどんどん弱っていきます。衰弱が進み、そのまま死んでしまう。そんなこともめずらしくありません。

食事をとらなくなるということは、水分もとらなくなるということです。そうすると、脱水が起こります。脱水は思っているよりも早くなってしまうので、非常に注意が必要です。

脱水すると、血が濃くなり脳梗塞、心筋梗塞という重大な疾患が起きやすくなってしまいます。梗塞を起こした人には、血液サラサラの薬が処方されるのが一般的ですが、実は薬よりも、本当は水を飲むことのほうがよっぽど重要です。脱水することは、死に直結するほど危険だということを再認識すべきでしょう。

最近の研究では、**慢性的に強いストレスにさらされる状態が続くと、それだけで、血栓ができやすくなる**といわれています。

ストレスが加わると血圧が上がります。血圧が上がると、その圧力によって血管の内壁にわずかな傷が生じることがあります。そうすると傷を治そうとそこに血小板が集まってくるのです。これを血小板凝集といいます。集まった血小板は、自然と血管を細くしてしまい、血液の流れを悪くする。そして、次第に血栓に変わってしまうのです。ストレスでこの血小板が凝集する力が増してしまうのです。そうなると、待っているのは梗塞です。悲しみに暮れ続ける時間が長引くと、こういった弊害も出てくる可能性があることを心に留めておいてください。

ところで、コロナワクチンを打ったら、急死してしまったという事例を聞いたことはあるでしょうか。これは、体内に入れられたワクチンの動きからくる血小板凝集が原因だといわれています。政府や日本の医療業界は、コロナワクチンを打つと、一定の確率で死ぬということはある時期から分かっていたはずです。そのことを内緒にしておくのは悪い。

いえばいいのに、それはいってはいけない。ＹｏｕＴｕｂｅでその危険を伝えた途端に削除されてしまいます。こういった情報統制は本当にひどいと感じます。

いつものように、スポンサーの顔色を見ての判断だったのでしょうか。フェアじゃないですね。私はこういう日本の姿勢は嫌いです。

うつ病は「死に至る病」

一般的に、高齢になるほど、心と体の結びつきは強くなります。要するに高齢になるほど、**心が弱ると体も弱りますし、逆に体が弱ると心も弱ってしまう**のです。そのため、喪失体験をきっかけにうつ病を発症して体まで弱ってしまうということは、めずらしいことではありません。

そうでなくとも、高齢者のうつ病は増加傾向にあり、さまざまな地域で行われた住民調査をみると、実に20人に一人が罹患しているという割合です。うつ病は、注意しなくてはいけない病気の一つだといえます。

「うつ病は心の風邪」という言いまわしがありますが、うつ病は決して風邪などではありません。この言葉は、「うつ病は、風邪をひくくらい、なりやすく、誰もが発症する病気」という意味で使われますが、それ以外の点では、うつ病と風邪には大きな違いがあるのです。一番大きな違いは、うつ病が「自殺」という死に至る病であることです。私はむしろ**「うつ病は心のガン」**といったほうが正しいと思っています。

欧米では、自殺者が出ると、周辺の人々から生前の様子を聞く「心理学的剖検」が広く行われています。その検証作業によると、自殺者の50～80%が「うつ病」だったと診断されているのです。それほど、注意すべき病気だということを理解してください。

「年をとっても、認知症にだけはなりたくない」と思っている人は、多いことでしょう。しかし、私のような精神科医の目から見ると、**うつを患うことのほう**

が、認知症以上に不幸なことです。晩年、うつ病になって「何もしない暗い老人」として一生を終えるのが、人生最大級の悲劇だと思います。私自身、老人性うつにだけはなりたくないと思っています。

ひとりになったこれからの日々を楽しく、穏やかに過ごせるかどうかは、うつを防げるかどうかにかかっているといっても、過言ではありません。

体のケアはむろん大事ですが、これからは、**心のケアも忘れないようにしてください。**心の不調を感じたときは、ためらうことなく医者に行くことをおすすめします。

肉を食べて
悲しみを吹き飛ばす

検査をし、異常値を示した項目があると、糖尿病、高血圧症、脂質異常症、肥満症とすぐに病名がついてしまうことでしょう。そして、コレステロールを下げろと、医者は指示してきます。でも、**実際はコレステロールを下げる害のほうがずっと大きいのです。**特に今回考えている喪失やうつ病の観点から見ると、余計に害になります。

コレステロールは脳にセロトニンという幸せホルモンを運ぶ働きがあるので、少なくしてしまうと、脳にセロトニンがうまく届かなくなるのです。セロトニンが不足してくると、不安が強くなり、気分が落ち込み、イライラしてきます。次第に感情が不安定になってくることが分かっているのです。これはまずい。うつ病を悪化させるだけです。

大切な人を亡くして、落ち込むのは仕方のないことです。食欲なんてわかないし、ましてや肉など食べる気にもならない。ごもっともだとは思うのですが、そんなときこそ勇気を出して、**肉を食べてください。**コレステロールたっぷりの肉を食べないことには、脳内のセロトニンは増えません。コレステロールは脳にセロトニンを運んでくれるのです。肉が難しいというなら、コレステロール目当てに牛乳やアイスクリームをとるのでもいいでしょう。

栄養は摂らない、動かない、日に当たらないなどという日々を過ごしていたら、うつにはなるし、免疫力も下がるのは当たり前なのです。

ひとり飲みにハマらない

寂しさを紛らわすために、何かにハマる人も多いことでしょう。それも度が過ぎると病気の範疇に入ってしまいます。中でも害があるのがアルコールです。お酒を飲むと楽になるからといって、**ひとり飲みにハマるのは一番危険です。**止めどもなくなります。

お酒の問題の根底には、日本のシステムがあることもお伝えしておきます。日本以外の国は23時を過ぎるとお酒が買えなくなることが多いのです。そんな中、堂々と24時間お酒が買えてしまうという日本は、異常だといえます。日本の国というのは、本当に人の命を犠牲にしても商売が儲かればいいやというところがありますね。

金儲けのためだったら、WHO（世界保健機関）がさんざんやめろといっているアルコールのCMもやり続ける。おかしなことです。これでは、ひとり飲みも自殺も増やして喜んでいるようにしか思えません。

まぁ、それはともかくとして、**お酒は人と飲むもの**。それが当たり前です。夫や妻が死んでしまって寂しい。憂さを晴らすために、お酒を飲むのはいいのですが、それをひとりでやってしまうのはダメなのです。誰か話を聞いてくれる人がいる中でやらないと、あっという間にアルコールに溺れるようになってしまいます。

現在、アルコール依存症の判断基準は非常に厳しいものとなっています。たとえば、一合飲めばよかったけれど、今は二合飲まないと酔えない。アルコールの耐性ができてしまった。あるいは、酒乱的な行動を起こしてしまった。問題があるのにやめられない。そういったアルコール使用障害に、2項目当てはまったらそれでアウトです。というのも、アルコール依存症は軽いうちから注意しないと、なかなか治らない病気だからです。

寝酒を始めたらどんどん量が増えてしまった。前の量では酔えなくなっている。飲んでいるときは気分が落ち着くのだけど、飲んでいないときはイライラする。こんなことみんなそうだろうと気にも留めないかもしれませんが、実はこれらはすべてヤバいサインだということを頭に入れておいてください。

依存しないでも生きられる

アルコール依存ほどの頻度ではないにしても、ギャンブル依存症も注意が必要です。ひとりになってしまい、寂しいからつい、パチンコ屋に足を運んでしまう。そんな話もよく聞きます。**ギャンブル依存症は、あらゆる依存症の中で、もっとも治りづらい**といわれているので、なめてかかると大変なことになります。

ギャンブルをやっているときは、脳内にドーパミンという快楽物質が大量に放出されます。反対に、やっていないときはドーパミンが放出されず、枯渇状態になるので、とても苦しい状態になってしまうのです。**依存症ともなると、意志の力で治すことは、完全に無理です。**本来であれば、ギャンブル依存症を治すちゃんとした施設をつくるべきなのです。それなのに、パチンコ業界には、警察官が堂々と天下りしているのですから、本当に日本は腐敗した国だと思います。数は少ないですが、薬物依存もめずらしい心の病ではありません。寂しいからなどといって、薬物に手を出すのは、言語道断です。

依存症というと、社会のレールから外れてしまった特殊な病気であるとか、通常の社会生活を送ることができないような、極端に意志の弱い人に生じる精神的な異常のように考えている人が少なくないでしょう。

しかし、現在の診断基準に照らし合わせてみると、数千万人が当てはまってしまう**「もっともありふれた」**精神障害なのです。

重度の依存症は、その人の社会的生命を奪い、さらに自殺に非常に結びつきやすいという問題があります。**早期発見、早期治療**が大切になってきます。依存症になると、失うものが非常に大きいことを充分理解すべきでしょう。

第二章

死ぬまで楽しむ

ひとりで自由に生きる

やりたい放題で好きに生きればいい

喪失体験におけるさまざまな反応のことをグリーフといいます。悲嘆を意味する言葉です。大切な人を亡くして、深い悲しみに暮れ、心理的、身体的、社会的によくない状態にいることを、精神医学の世界ではグリーフと呼ぶのです。

ひとりになり、絶望して悲嘆に暮れる。これは**心がバカになっている**といっていいものです。覚えておいてください。悲嘆に暮れる人は、何か思い違いをしているのでしょう。ひとりになってしまったから孤独で寂しくて仕方がない。ひとりになってしまったからやることがない。ひとりでどうやって生きていけばいいのだろう。そう感じているのでしょうか。私にいわせれば、こういったマイナスの感情はすべて間違いです。

ひとりになったのです。これはすなわち自由を手に入れたことに他なりません。

これまで、我慢をしてきたこともあったと思います。我慢は美徳だという「社会の無言の圧力」に屈する生活はもうやめにしましょう。私たちはいい大人なのです。我慢しながら生きていくというのでは、充実した人生が送れるわけがありません。

ひとりはこわいことでも悪いことでもありません。恐れることもなければ、罪悪感を抱く必要もないことです。

社会には、世間からどう見られようとひとりを幸福として生きている人たちがたくさんいます。その人たちに共通しているのは、自分のリズムやペースを大切にしている、暮らしの中のそういう時間を何よりも愛しているということです。

誰にも支配されず、自分の好きなように生きる。これほど幸福なことはありません。ひとりで暮らしてひとりの時間を楽しみ、ひとりで死んでいく。これほど納得できる生きかたはないのです。好きなものを食べ、趣味に生きてもいい。好きな人ができたら、恋愛に溺れてみてもいいでしょう。

誰かに委ねることはもうおしまいです。自分の人生をひとり暮らしで満喫しましょう。**大丈夫。すべて、ひとりでできます。**

とはいえ、ひとりに慣れていない状態でしょうから、この章からは、私が「ひとり」をナビゲートします。具体的な過ごしかたや、生きかたについて学んでいきましょう。

何を隠そう、私はひとりがホッとするタイプの人間です。そういうタイプの人でなくても、誰しもが残りの人生を好きなように生きられることを心から願っているのです。

ひとりになるとどうなるか、ひとりになったからこそできることを分かりやすく説明していきます。

いつか死ぬのですから、それまでやりたい放題で好きに生きればいい。

最初にいったように死ぬことはこわくはありません。

そしていつか死ぬときまで、これからは、あなただけの生を謳歌してください。

それでは始めます。

ひとりになってから本当の人生が始まる

ひとりになったことは、チャンスです。「さぁ、ひとりになった」「さぁ、何をやろうか」、そう勢い込んでいいのです。そうすると、生きかたがどんどん自由になっていきます。好きなこと、やりたいことだけやって毎日を過ごしても、文句をいう人はいません。しかも、自分が好きなこと、やりたいことはすべて自分が楽しければそれでいいのです。

人とつながっているというのは、たしかに安心です。

でも、その安心を守るためには、相手や周囲に合わせて自分の願望を抑えたり、その場の空気を読んだり、あるいは他人の言葉や態度からその要求を汲み取るといった気遣いを求められます。いわば、本当の自分が出せない状態が続くのです。相手のことがどんなに大切だったとしても、誰かと一緒にいるということは、そういうことです。

私が敬愛するウィニコットという精神分析医は、そういう状態を偽りの自己（ソーシャルセルフ）と名付けました。ウィニコットは**いつも偽りの自己ばかり出しているうちに、本当の自分を出せなくなってしまうのはまずい**と主張しています。

私もそう思います。閉じ込められた自分が、いつどんなきっかけで暴発するか分からないと感じるからです。本当の自分が消えてしまい、周囲や他人の言いなりに生きるしかなくなったらそれこそ、不幸なことです。

ひとりになるということは、そういった足かせから自由になるということです。泣いても笑ってもこれからは、ひとりは当たり前の日常なのです。恐れるより親しめばいいいと私は思います。

ひとりになったら「何をやろうかな」とワクワクしてきます。そういう浮き立つような感情は、ほとんどの人が持っているのではないでしょうか。**これからのひとりの人生にときめいてください。**もう誰に気兼ねすることもないのです。一歩踏み出してみても罰は当たりませんよ。

ひとりになると健康になる

これまでも「ひとりになりたい」と思ったことは何度もあったと思います。そういったときは、大概、息苦しい人間関係や状況から抜け出したいと感じていたときです。加えて、それを我慢しなくてはならなかったときです。人は我慢を強いられていると「ひとりになりたい」と思うものなのです。

我慢は強いストレスを生みます。強いストレスを受けると自律神経のバランスが崩れ、内臓機能を活性化させる副交感神経がうまく働かなくなってしまいます。すると、たちまち食欲不振や血行不良になり、免疫機能も低下してしまうのです。

また、ストレスがかかると、それに対抗するためにコルチゾンといわれるステロイドホルモンが分泌されるのですが、これは他のすべてのホルモンの働きを阻害してしまいます。

さらに**ストレスはガンにも大きく関係してきます。**ストレスを受けると体内にフリーラジカルといわれる活性酸素が多く生み出されてしまい、細胞の「ミスコピー」が増えます。これは、ガンの大元といわれています。

ストレスは細胞を傷つけ、炎症を起こし、肉体にも精神にも負担をかけます。その結果、**老化現象を加速させたり、ガンなどの重大な病気に直結してしまう**のです。

ストレスの多くは「我慢」を強いられることの多い対人関係が源泉になっています。

「そんなに脂っこいものを食べちゃダメ」「休みの日にダラダラしないで」そんなふうに、誰かに叱られ、指図される暮らしでは、いつまで経ってもストレスはなくなりません。自分の欲望を前面に出して、思った通りに生きてこそ、自分の人生を自分でコントロールしているといえるのです。ひとりだとそれができます。つまり、ひとりのほうがずっと気楽で、健やかだといえるわけです。

こんな例があります。80代のAさんは、タバコが大好きでしたが、82歳で肺ガンの宣告を受け、家族にタバコを禁止されました。それでも、Aさんは「どうせガンで死ぬんだから」とまた、タバコを吸い始めました。それから実に10年、毎日「うめえなぁ」とタバコを吸い続け、最後は肺ガンではなくクモ膜下出血で亡くなったのです。自分の楽しみを優先したおかげで、Aさんの免疫機能は上がり、ガンの進行が遅くなったのでしょう。これほど、**自由がもたらす精神的安定は、健康に直結している**ものなのです。

脳、特に元気をつかさどる前頭葉は新しい刺激や「快」を得られる体験で活性化します。我慢や節制を強いられるストイックな暮らしには、刺激も喜びも快もありません。誰かと一緒に暮らしていたら、やりたいことをせず、我慢したまま、ヨボヨボの老人になっていくだけです。そんな晩年では必ず後悔します。

こんな事実もあります。2022年、日本ではおよそ2万1000人の人が自殺したと公表されました。そのうち、8000人以上が60歳以上だったのですが、中でも**自殺率が高いのは、家族と同居している人**だったのです。

ひとり暮らしの高年者より、家族と一緒に暮らしている高年者のほうが自殺しやすいのです。「家族と同居していれば寂しくなくて幸せ」「ひとり暮らしは寂しく孤独」だと思っていたかもしれませんが、現実はそうではない、ということです。

健康で安らかに暮らしていくためには、ストレスを取り除くことが大前提です。ひとりへの恐れは誰にでもあると思いますが、「好きなように生きる」「煩わしい人間関係から自由になる」「ありのままの自分でいる」ということが、健康への最大の投資になるのです。

性を楽しんで若返る

老化と聞いて、真っ先に思い浮かぶのは足腰の衰えでしょう。しかし、意外なことに、**現代の高齢者の肉体的機能は、若い頃と比べてほとんど遜色はありません。**通常の速度で歩いたり、最大酸素摂取量を維持したりという基本的な力に関しては、若い頃とほとんど変わらないことが分かっています。

東京都が発表した「高齢者の生活実態」（令和2年度）では、歩行について「ひとりで全部できる」と回答した人は65〜69歳で男女ともに96・5％。75〜79歳と年齢が上がっても、男性では91・7％と非常に高い数値となっています。

自転車に乗って坂道をこぐと、次第に息が上がって苦しくなってきます。そして、最後には「もうこれ以上は無理！」という限界に達するのですが、このときに1分間にどれくらいの酸素を取り込むことができるか、という数値を最大酸素摂取量といいます。この数値も、若い頃とそれほど変わりません。

これらのことから、普通に歩いたり、階段を上ったり、自転車をこいだりといった基本的な体力に関しては、高齢になってもそれほど落ちないということが分かってきます。

反して、前頭葉の萎縮は40〜50代から目に見えるように始まるので、「感情」は若いうちから目に見えないところで老い始めていることが分かります。これが意味することは、**人の老化は感情から始まる**ということです。つまり、感情が老化するから老け込んでいくのです。ということは、感情の老化を防げば、かなり長い間若々しさを維持できるということになります。

せっかく、自由になれたのです。これからは、何でもあなたの思い通りにできます。ヨボヨボして暮らすなんてバカなことはありません。あなたの人生を楽しむためには、若返らなくてはならないのです。そのために何が必要かをお教えしましょう。

若返りの鍵を握るのは性ホルモンです。大切な人を亡くしたということは、おそらくある程度高齢の方だと仮定して説明します。

60歳より少し前から、私たちのホルモンバランスは変わってきます。男性は男性ホルモンが徐々に減り、女性は女性ホルモンが劇的に減ってきます。それによって、人間は、中性化し始め、生殖期から老年期に入るのです。

この時期から同時に、脳の前頭葉という部分の老化が始まり、セロトニンという伝達物質も減ってきます。つまり、体も脳も大変換期を迎えるというわけです。

この時期に何も「思う」ことがないと、老いは容赦なく訪れてきます。放っておいては、性ホルモンの低下が進み、生活の質は下がる一方です。

ホルモンバランスが乱れるとさまざまな症状が出てくる人がいます。疲労感、倦怠感、うつ状態、のぼせ、冷え、多汗、動悸などはこの時期よく耳にする不調です。頻尿や残尿感などの排尿状態に影響を及ぼしたり、肩こりや関節痛をもたらすこともあります。さらに、血中コレステロール値が上がったり、血圧が乱高下したりする場合もあるでしょう。これらの症状の原因は急激な性ホルモンの分泌の減少にあります。自律神経の乱れが、全身に影響してくるのです。

こういった症状が、あまりにもひどい場合は、ホルモン補充療法が選択されます。しかし、ホルモン補充療法は今の日本ではあまり普及していないのが現実です。

では、どうしたらいいのでしょうか。実は、何のリスクもなく、手軽で、誰にでもできる性ホルモン活性法があるのです。何を隠そう、それは、**恋をすること**です。

恋愛が性ホルモンを活性化させることは分かっています。体というのは、不思議なもので、気分が華やいだり、ときめいたりするだけでも、ホルモンバランスは復活するのです。心の状態が体におよぼす影響というのは、思っているよりも大きいものです。**若さを保つためにも、恋愛は大切**なことなのです。

誰かを好きになることは、前頭葉を大いに刺激することになります。芸能人が好きだとか、推しがいるだとか、そういったことでも効果はあると思います。

恋愛時には、エンドルフィン、ドーパミン、セロトニン、オキシトシンといった脳内ホルモンが大量に分泌されます。これらのホルモンは、幸福感、快感、愛情、安らぎといった感情を呼び起こします。これが、若返りの特効薬となるわけです。

感情とホルモンは思っているよりも強く結びついています。満足感を得たときはセロトニンが出るし、「よし、頑張るぞ！」と意欲がわいているときはドーパミンが出ます。快感を得られればエストロゲンという性ホルモンが出るし、「あの人をデートに誘うぞ」と意欲的なときは、男性ホルモンのテストステロンが出るのです。ですから、恋愛やセックスを「いまさら」などといって、避けないでください。それこそナンセンスです。

生命力の源になるのは「欲望」です。欲望は生きている証しです。恋をすると、その人と一緒にいたい、話したい、触れ合いたいと欲望が生まれます。欲望は前頭葉を刺激し、心の若さを保つうえで、絶大な威力を発揮するのです。

恋愛やセックスを「いまさら面倒だ」と感じているならば、それは、もったいないことです。恋をするだけで性ホルモンの分泌は増えます。活用しない手はありません。

老人ホームに入っているすっかり枯れてしまっているようなおじいちゃんでも、意中の人ができると、体も頭もシャッキリするというのはよくいわれる話です。

さらなる性ホルモンの低下を防ぐためには積極的に「脳を使い」ましょう。従来の理論では、男性ホルモンは精巣で、女性ホルモンは卵巣で合成され、血液によって脳に運ばれると考えられてきました。それが、最近の研究で脳内の「海馬」で、独自に合成されていることが分かってきたのです。しかも、海馬が独自につくり出す性ホルモンは、血液によって運ばれてくる性ホルモンより10倍程度も高濃度といわれています。

海馬は「記憶」をつかさどる器官で、わりと簡単に活性化します。なんと失恋でも活性化されるのです。これは、失恋が極めて刺激的な経験だからです。**海馬に性ホルモンをつくってもらうためには、刺激のある環境にいること**が非常に大切なこととなってきます。

新しいことを体験し、新しい気持ちを持ってください。そして、つねに前頭葉や海馬に刺激を与え続ける。そうしていれば人は、老け込みません。医学的に分かっていることです。

お金は、優雅に贅沢に使う

これからは、お金の使いかたを考えたほうがいいと思います。幸か不幸か、ひとりで生きるには余裕があるというのならば、これまでできなかった楽しいことをしてもいいと思うのです。たとえば、夫がお金をたくさん遺してくれた未亡人が、ホストクラブに行ったら楽しかった。だから、ホスト通いをしてみる。それでもいいのではないでしょうか。

もちろん、品のないホストはダメです。40、50代の元一流企業の社員や一流大学卒の「聡明な」男性がおしゃべり相手になるとか、60代の紳士が70、80代のご婦人をエスコートするなんていうホストクラブができたらなぁなどと考えます。

知的ホストのお店が一軒でもあれば楽しいのではないでしょうか。私はすぐにそんなことを考えてしまいます。

何がいいたいかというと、ひとりになったのですから、お金を使って楽しむということも選択しましょうということです。お金には、使えば使っただけ幸せになれるという面もあります。いいお店に行けば「お客さま」と呼ばれ大切にされます。美味しいものを食べれば心も体も満たされるし、映画を観れば感動します。そういった「快」に溢れた生活をするためには、お金が非常に重要なのです。

飛行機のファーストクラスも、ひとりだったら手が届きます。数年に一度の贅沢と考えれば、いけるのではないでしょうか。その贅沢を楽しみに生きればいいのです。

普段はパートのおばさんでも、年に一回は貴婦人になる。そういう暮らしもあり得るわけです。ファーストクラスで海外とまでいかなくても、高級旅館に一泊して寛ぐのもいいですね。ひとりだからこその楽しみです。考えるだけでワクワクしてきます。

まずは、楽しむことを覚えてください。お金の使いかたには、メリハリをつけるのがスマートです。節約してばかりでは息が詰まります。普段は千円の食事でも、月に一度、一万円の食事をすることを目標としてもいいでしょう。

お金のことは思い詰めて考えると苦しくなります。これからは、引き換えに得られる心の安らぎのほうを注視してもいいと思うのです。**お金は自分の幸せのために使うものです**。財産というかたちで何かしらを遺そうとすると、トラブルが生まれます。そんなことより、今、生きているうちに、楽しい思い出をつくったり、自分自身の心が豊かになることにお金を使うのです。

美容や審美歯科、ホルモン補充療法、サプリメントと、これから楽しもうと思ったらお金がかかります。服を新調したり、美味しいものを食べにいったり、旅行や趣味にいそしむのにもお金がかかる。脳の老化予防のために勉強するのにも、恋愛や遊びをするのにもお金は必要になってきます。かけられるお金があるなら、今こそかけるべきなのです。

ヨボヨボになってから高額なサプリメントや健康食品を買い込む高齢者はたくさんいますが、はっきりいって遅すぎです。70代になってから慌てても、効果はそれほど期待できません。

これからの人生をご機嫌に過ごすために必要なポイントは**「自分を愛する気持ちを持つこと」**です。自分を愛する気持ちは、このままの自分で大丈夫という自己肯定感を高め、将来への過剰な心配や不安を消していきます。お金はそのために使うのです。**今が、お金のかけどころ**だと心得ましょう。贅沢には「似合う年代」というものがあるのです。

あなたのお金はあなたのものです。老後の資金や子供のことばかり考えて、ちまちまとした生活をするのはやめましょう。

どうせみんな最期はひとりだから

皆さんが、孤独死を必要以上にこわがるのは、テレビの影響が強いからと、私は考えています。ニュース番組やワイドショーは、視聴率をとるために、人が不安になったり、感情的になったりする出来事をことさらに扱います。孤独死のニュースをテレビが報道するのは、それが、センセーショナルで、レアなケースだからです。

めったにないめずらしい事件を報道すれば、視聴率がとれます。視聴率が高ければ、テレビ番組にはスポンサーがつきます。スポンサーは、どんな内容であれ、視聴率が高い番組に群がるのです。テレビを観るならば、ここを充分に理解しておきましょう。

死後数か月も発見されなかった高齢者の死など、そうそうあるわけではないのです。

それに、**孤独死は、悲惨なことだとは限りません。**孤独死したということは、自殺などのケースを除き、理想の生きかたとされる「ピンピンコロリ」が実現できたということです。死の直前まで寝たきりにもならず、元気に生きていたという、なかなかできない死にかたができたわけです。そう考えると、孤独死は、恐れるものではないのです。


私は、孤独を賛美するつもりはありません。ただ、世の中の風潮として、ひとりを気の毒とか不幸、もっといえば悪いことだと決めつける雰囲気はいかがなものかといいたいのです。ひとりを社会問題として受け止める論調に出合うたびに

「ちょっと待って」といいたくなります。「別に悪いことじゃないでしょ」と反発したくなるのです。

自分以外の誰かと過ごすことは、ある意味「支配」です。支配から抜け出したとき、初めて自由な時間を得、誰にも気兼ねしなくていい伸び伸びとした時間が生まれます。

周囲の雰囲気に合わせたり、相手の主張に従ってばかりいると、自分が本当にやってみたいことや好きなことはいつも後回しになってしまいます。

たとえば「今日は真っ直ぐ帰ってシチューでもつくろうかな」とつぶやくと「そんなのいいじゃん」「いつでもできるでしょ」と押し切られ、あきらめる。自分の気持ちを裏切ってしまう。それでは、大事なものを失った気持ちになります。大げさでなく、自分のプライドや、守りたかった世界を売り渡したような気持ちにさえなってしまうのです。

どうせ死ぬんです。そのときは、誰しもがひとりです。

自分の人生を存分に楽しむためにも、偽りの自己から抜け出すいい機会が訪れたと思ってもいいのではないでしょうか。

人生の決定権は、自分で持ちましょう。

第三章

ひとりを楽しむ方法はいっぱい

ひとり時間の楽しみかた

せっかくひとりになったんだから

「ひとりじゃつまらない」「何もできない」そんな不安を感じている人もいるかもしれません。ただ、その考えだと、自分から新しいグループなり団体なり、とにかく知らない人間関係の中に飛び込んでいく必要が生じてきます。それは、億劫でハードルが高い。そう思って何もしないで過ごしているのではないでしょうか。

そうなるくらいなら、**何でもいいからひとりで楽しめることから始めたほうが気楽**というものです。これまで、やりたくてもできなかったこと、誰かにとめられていたこと、すべてをやってみましょう。あなたを咎める人は誰もいないのです。

せっかくのひとりです。自分が一番気持ちいいリズムで過ごしてみてください。好きなこと、やってみたいことをあれこれ試してみて「こういうリズムが一番合うな」と気がつくことから始めましょう。

「さぁ。ひとりでのんびりやっていこう」と手を休めながら家事をこなし、お気に入りの場所で気の向いた時間にお茶を飲んで静かな一日を楽しめばいいのです。

何の目的もなくていいから、とにかく町を歩いてみましょう。家の中でブツブツいいながらひとりで過ごすよりはるかに気分が晴れます。バーや居酒屋、ドライブやスポーツ観戦もいいですね。あるいはカメラやスケッチブックを片手に出掛ける日帰りの旅行とか、郊外の競馬場巡りなども楽しそうです。

「ひとりでもここにいるとホッとする」そう思える場所は、どんなきっかけで見つかるか分かりません。

今の時代、ポケットにスマホと財布があればどこまででも行けるし、もう誰に気兼ねしなくてもいい身分なのです。実際、ひとり時間を楽しく過ごす方法はいくらでもあります。私が具体的な方法をレクチャーしていくので、ぜひ、参考にしてみてください。

ひとり遊びはこんなに楽しい

ひとり外食

自由にひとりで行動すると、思っている以上にストレスから解放されます。これからは、我慢や嫌なことは一切しない。そして、ひとりでの新しい体験を増やすのです。これが、前頭葉の働きを高め、若さを保つ秘策となります。

といっても、大上段に構えることはありません。少しだけいつもと違う行動をするだけで充分です。ポイントは**「ひとりで新しいことを」**という点にあります。

手始めに気軽にトライできる「食」で実験してみるのはいかがでしょうか。

たとえば、ランチを家で食べるのをやめ、外食すると決めます。ラーメン（ピザでもチャーハンでも何でもかまいません）好きなら、行ったことのない店に行って、食べ比べてみるのです。行きつけの店なら絶対に美味しいと分かっていますが、あえて、入ったことのない店を選びます。ここで、行列のできている店を見つけたら、並んでみてもいいでしょう。並んででも食べたいと思わせる「何か」を突き止めるために、並んでみるのです。ちょっとした冒険精神が前頭葉を活性化してくれます。

美味しいラーメンに出合えたら大当たり。まずかったら失敗と思うかもしれません。この行動は「どうしよう、やっぱりいつもの店にしようかな」「まずかったらどうしよう」と考えることから抜け出し、チャレンジすることに大きな価値があるのです。

失敗を含め、新しい体験を楽しむことで前頭葉の働きが高まります。

特に美味しい料理を食べることは、脳への強い刺激になります。「ミシュランの三ツ星店を予約するぞ」「あの有名店の寿司を食べにいこう」とプランを立てれば気分も上がり、脳の老化予防になるものです。食事に贅沢するなんてもったいないなどと思わず、お金は自分を喜ばせるために使ったほうが断然有意義です。

ひとり散歩

私たちのような大人にとって一番いい運動は**「ウォーキング」**です。

ウォーキングのように全身を使う有酸素運動は、心肺機能を改善させ、骨を丈夫にしてくれます。足腰を使うため、筋肉や関節の能力が高まり、思わぬケガや転倒防止にも役立ちます。おまけに、歩くことで脳内の血流が促進されて、認知症予防にも一役買うのです。まさに、私たち世代にうってつけの運動といえます。

散歩を習慣づけると足腰の筋力もつき、心肺機能も上がるため、着実に体力をつけることができます。どんどん出掛けてください。

住宅街、公園、アーケード商店街、オフィス街など、できれば**毎日ルートを変える**ことをおすすめします。ルートによって交通量も異なり、安全に歩くための注意の仕方も変わります。見える風景も当然変わってくるはずです。古い門構えの家にハッとしたり、下町商店街の懐かしさにひたったり、公園の緑に癒やされたり。そんな変化が多ければ多いほど脳への刺激になるのです。

散歩は、小さな旅です。季節の移り変わりを体感し、路傍に自生する名もなき可憐な花を見つけて、スマホで写真を撮る。そんな発見が心を癒やし、幸福感を与えてくれるのです。ときには、成り行き任せ、電車に乗り初めての駅に降り立ってみるのも新鮮で楽しい遊びとなります。

散歩の目安は毎日30〜50分くらいが適当だと思います。

ひとりスーパー

日常の買い物も近くの決まったスーパーばかりでは能がありません。たまには、違う店に行ってみましょう。ときに、一駅電車に乗って遠出するのもありです。

いつもと違う店に行くと、商品の陳列方法が異なるので、どこにどんな商品があるのか迷います。それも立派な脳への刺激です。「野菜はこっちの店が安くて新鮮だ」「ここはお刺身の活きがいい」などの発見もあって、生活に楽しみが増えます。

ひとり読書

読書や思考を楽しむ日があってもいいのではないでしょうか。そのときも、いつもの自分の好みや思考とは別のものにトライしてみるのです。**自分とは異なる考えかたや物の見かたに触れることも、前頭葉の働きを活性化します。**

保守系の雑誌ばかり読んでいる人は、リベラル系の雑誌を読み、リベラル系の読み物を読んでいる人は、保守系の本を読んでみるのです。頭に血が上るかもしれません。それでも、異なる意見に触れることは間違いなく前頭葉の刺激になります。

年をとると物の見かたが狭くなりがちです。「こんな考えかたもあるんだな」と視野を広げる手助けになります。**頑固になりつつある頭をほぐす**という作業ですね。腹が立って、反論を考えるのも前頭葉を使うことになります。

普段読まないジャンルの小説を試してみるのもいいでしょう。ラブストーリー系一筋なら、任侠ものを読んでみるのはどうでしょう。大いに刺激を受けると思います。

ひとりお笑い

笑いが免疫力を高めることは、あらゆる研究で証明されています。笑うとガンを攻撃するNK（ナチュラル・キラー）細胞が活性化することから**「ガン予防に一日一回は笑いましょう」**とまでいわれています。

最近笑ってないなと思ったら、演芸場に出掛けましょう。大阪の「なんばグランド花月」、東京の「末廣亭」などに行くと、ゲラゲラ笑っているお年寄りで席が埋まっています。テレビに登場するひな壇芸人の日常トークのようなくだらないエンタメとは質が違います。私は、つねづね「高齢者を笑わせられなければそれは芸ではない」と思っています。知識や経験が豊富な老人を笑わせてこそ、芸だと思うのです。

落語や漫才のＤＶＤやインターネットの動画配信を観るのもおすすめです。本物の芸を観れば、お腹が痛くなるほど笑えますよ。

ひとり旅

見知らぬ土地を旅することは、前頭葉への刺激も強いものです。名跡巡りもよし、地元のグルメを堪能するもよしです。歩きまわって日光を浴びれば「幸せホルモン」のセロトニンが増え、ワクワク、ドキドキ感もいっそう高まります。

旅先で、キャバクラやストリップに行ってみるのも楽しいと思います。性的な刺激は男性ホルモンの分泌を促し、活力アップにつながります。

ひとり弁護士

私が前々からおすすめしているのが「弁護士になってみる」ということです。

もちろん、今から弁護士を目指して司法試験の勉強をしろということではありません。どういうことかというと、テレビや新聞、あるいは世の中で見聞きしたネタを**自分が弁護士になったつもりで、分析してみましょう**ということです。

それも、世の中で悪者扱いされている人の弁護を試みるのです。

「この人、こんなに非難されてるけど、それで助かってる人はいないのかな」「この事件は、この人が犯人だと報道されているけど、本当にそうなのかな」と、世の中の評価とは反対のことを自分なりに考えてみるのです。

身近なところで「隣のおばさんは、お嫁さんの悪口ばかりいうけれど、お嫁さんは本当にそういう人なのかな」というようなことなど、どうでしょうか。

情報というものは、それを発信する側のフィルターがかけられているものです。ある一つの事象でも、どこから眺めるかによって、意見はまったく違ってくるのが本当です。それに気づかず、無意識に誰かのフィルターに染まったまま年をとると、一つの見かたばかりに固執してしまうことになります。これが、異論、反論を受けつけない偏屈老人が出来上がる発端ということです。

自分が接した情報に穴はないか。反対側の視点ではどうなるのか。ということを考えてみましょう。「弁護士になってみる」とは、そういうことなのです。自分の意見を意識的に考えることは、ニュートラルな思考態度を持つうえで、非常に役立ちます。

注意すべきなのは、**本当に自分の頭を使う**ということです。つまり、本当に自分の頭で考えたのか、それとも考えた気になっているだけなのかということを意識する必要があるということです。

批評精神を持たず、誰かの意見に同調しているのは、ただ考えた気になっているだけです。考えたうえで、世論や誰かの意見と同じ結論に達することも、もちろんあると思います。しかし、その過程に「反対側から見るとどうなのか」「この情報にはどんなフィルターがかけられているのか」という検証作業が入らなくては本物ではありません。

検証作業を飛ばしてしまうと、自分で考えたことにはなりません。前頭葉を若返らせるためには、前頭葉を使うことが一番なのですが、使った気になっていて、実際には使えていないことが多いのです。これでは意味がない。だから、頭を使うトレーニングとして、弁護士になってみて、さまざまな意見を考えろというのです。

また、弁護士になってみるというひとり遊びは、他者の立場に立ってものごとを考えるためのトレーニングにもなります。

自分の考えに沿った意見を読んだり、聞いたりしているときには、前頭葉は刺激されません。理解力も大して必要でないうえに、話に驚きもないからです。だからあえて、自分とは異なる思考だと思っている人の書いた本などを読んでみるといいのです。**自分の想定していない意見に接すると、確実に前頭葉が刺激されるし、さらなる反論を考えることも、思考のトレーニングになります。**

つねになりきり弁護士で、前頭葉を活発に動かしましょう。孤独を感じる暇もなくなります。

年をとっても勉強をする

私は勉強が好きです。

専門の精神医学はもちろんのこと、経済学や教育、政治や歴史、文化、福祉の世界とあらゆる分野の勉強を今も続けています。具体的には、本を読んだり、第一線で活躍している人たちの話を聞いたりすることが多いです。

実は、私は映画監督もしているのですが、自分ではこちらが本職だと思っているので、映画についての勉強も時間を惜しまずしています。私としては、**60代以降にきちんと勉強するかどうかで、その後の一生が決まる**とまで考えています。

勉強のいいところは、**いつでもどこでもひとりでできる**ことです。誰かに教えてもらうことも含めて、ひとりで考えたり書いたり、自分なりの着想を育てることができます。

飽きっぽくて一つのことが長続きしない性格の人でも、これからは問題ありません。自分で好きでやっている勉強なのですから、ちょっとやってみて飽きたら別の分野に替えればいいだけです。それも飽きたら、もうやめてしまってもいいのです。時間割などないのですから、気にすることはありません。

勉強をしていると、認知症でもないのに、認知症のようになることを防ぐことができます。浴風会病院時代に、かなりの数の脳の解剖に立ち会ってきたのですが、生前、完全にボケたようになっていたのに、脳自体には変化はほとんどないケースをかなり見ています。おそらくこれは、脳を使っていないうちに廃用が起こって、認知症に見えるレベルにまで、脳の機能が低下してしまったための現象です。これは、避けたい事態です。勉強をし続けて、脳を使っていれば、機能の低下を防ぐことはできます。

認知症になった人も、私はかなりの数を診てきましたが、**認知症になっても、脳をきちんと使っていると進行が遅くなるのは明らか**でした。認知症の前段階といわれる軽度認知障害も、脳のトレーニングで認知症への進行を抑止できると聞いています。

また、55歳以上の人については、年をとっても知的機能が高い人は、その後の生存率が高いことも、アムステルダム郊外の地域住民調査で確かめられています。

要するに勉強は、ただの趣味に留まらず、長寿法や脳の健康法になるということです。

あなたは、どんな分野にも興味を失ってしまいましたか。

そんなことはないはずです。かつて好きだった分野、もっと深く知りたいと思う分野があるはずです。子供の頃は、天体観測が好きで宇宙の勉強をしてみたかったとか、火山が不思議で地球のことを知りたかったとか、本棚の片隅に小さな昆虫図鑑が隠れていたりとか、「ああ、そういえば」という世界がたいていの人にはあるはずです。

歴史探訪にせよ、古文書を研究するにしても、ＩＴ技術を得るにしても、何でもいいのです。まず、始めてみる。そう。完全にひとりの楽しみです。**勉強は一生の楽しみにできます**。ずっと退屈せずに面白いと思いながら生きていけるのです。

まず図書館か。いや、星のきれいな場所に出掛けてみるか。今頃の北海道は面白いだろうな。とあれこれ想像するだけでも、ひとりの勉強は始まったことになります。

勉強を生涯の友にするのは、人生をサバイブするコツです。

いくつからでもスマホやネットを楽しむ

こんな話があります。

新聞を開くと、シニア世代に向けて海外旅行のツアー広告が大きく載っています。1ページ全部を使って、世界のあらゆる国を紹介しています。どんな国でも選べるし、オフシーズンならそれほど費用もかかりません。

ある男性が「さて、どこがいいか」とツアー広告を眺めていたら、クロアチアという国名が目に留まったそうです。

「どのあたりだっけ」と考えて、本棚から古い世界地図を探し出しました。

ヨーロッパの地中海に面した一帯を探してもさっぱり分かりません。実は、この男性は、高校時代まで地理や世界史が好きで、世界地図はいつも手元においていたそうです。そのため、定年を迎えた今でも世界地図を捨てずに残していたのです。

新聞の広告には、クロアチアと並んでセルビアやモンテネグロなど、聞いたことはあるけれど、やっぱり場所の分からない国名が並んでいました。もとが地理好きの男性です。世界の国の場所を知りたいという欲求に火がつきました。そこで、インターネットで検索してみたそうです。何時間も何時間も、時の経つのを忘れネットに没頭したそうです。

国名を検索してみると、それぞれの歴史や民族、言語、国名の変遷の経緯など、あらゆる情報が出てきて、俄然、興味がわきおこってきたと聞きました。

結局、ネットで最新の世界地図と、気になる国を紹介した旅行記や歴史の本を注文したそうです。

お伝えしたいのは、**ネットを覚えると、このように世界が広がる**ということです。

家で過ごす際に、もっとも手軽に楽しめるものといったら、ネットなのではないでしょうか。どんな分野のテーマでも、ダイレクトにアプローチができるし、情報量の多さは圧倒的です。それこそ無限といってもいいでしょう。

ひとりで楽しめることや、夢中になれることは、いつどんなきっかけで現れるか分かりません。そのときのために、今からネットを覚えて準備しておくべきなのです。ネットは、きっかけさえつかめば、どんなことでも、深く調べることができます。

「ネットなんてできない。分からない。いまさら覚えられない」そんな気持ちはすぐに捨ててください。**「いまさら」という気持ちは、新しいものを学ぶうえ**

で一番の障害になります。「いまさら本気になっても」この気持ちがある限り、結局いつまでも覚えられないいままになってしまいます。私が「もったいない」と思うのはそういうときです。どうして「いまさら」なのでしょうか。

興味があって知りたいと思う欲求は年をとっても尽きるものではありません。ワクワクしながら迷路の中に入り込めば、今よりももっと楽しい毎日が過ごせるはずです。

映画やドラマが好きなら、ネットフリックスやアマゾンプライムビデオなどの動画配信サービスをおすすめします。ネットやスマホの操作を覚えれば、膨大な量の映画やドラマが一定額で見放題です。それこそ、死ぬまでに見尽くせる量ではありません。時間など、いくらあっても足りないくらいです。何より、レンタルショップに出掛ける面倒がなくなります。寝たきりになっても問題ないということです。

スマホやパソコンを活用できるようになれば、顔が見えるビデオ通話も楽しめます。ビデオ通話は、通常の電話より、満足感があるものです。また、相手の表情を見ながらしゃべるほうが、脳への刺激にもなります。

ビデオ通話をするときは、服装を整え、ひげも剃り、外見をシャキッとさせるといいと思います。こうした小さな努力が心の活気をもたらし、意欲を高めるのです。

ネットはひとりの時間を充実させてくれます。大げさではなく、これからの人生の助けになるはずです。

第四章

寂しさが消えると うんと楽になる

孤独の越えかた

なぜ女性は夫の死から立ち直るのが早いのか

たった今、この瞬間も、寂しくて仕方がないと感じている人もいることでしょう。では、その「寂しさ」とはいったい何なのでしょうか。

もともとひとりで過ごすことに耐えられないというタイプの人は、一緒に過ごす人がいないというだけで、苦痛を感じてしまいます。

また、ひとりでいることは苦ではないけれども、つねに「自分のことを分かってもらっていない」とか「本音がいえない」と感じて生きているタイプの人も、寂しさを感じやすいといえるでしょう。

どんなときも「まわりに合わせないといけない」とか「他人に気に入られないといけない」と考えてしまう人は、心の底から他人とのつながりを感じられず、寂しさを抱え込んでしまうのです。こういうタイプの人は、喪失体験をする以前から、寂しさとともに生きていたといえます。

大切な人を亡くして、寂しいと感じるには、二つ条件があります。一つは、しゃべりたいのに、しゃべる相手がいない、疎外感や孤独感を感じてしまうときです。自分はひとりぼっちで、誰にも相手にされていない。そんなふうに思ったとき、人は寂しさを覚えます。

対象喪失で苦しんでいる人を診てきた経験からいうと、立ち直りは、女性のほうが圧倒的に早いです。この理由は、**女性には話し相手になってくれる友達がいる**からです。「夫が死んでしまって寂しくて仕方ないのよ」、友達にそう電話をすると、「そんなこといってないで、じゃあ、一緒にご飯でも食べようよ」という流れになり、外出し、会話を楽しむことができます。これが、悲しみを克服するのに、非常に大事なことなのです。**自分の思いを共有したり、気持ちを分かり**

合ったりすることで、人は孤独を乗り越えていきます。ひとりで塞ぎ込んでいては、悲しみが長引くだけなのです。

ひとりだと寂しくて寂しくて仕方がないという場合、今の時代、ネットでチャットをしたり、SNSを使って話せそうな相手を探すというのも一つの手だと思います。

もう一つ寂しいと感じる条件は、家に帰るとぽつんとひとり。それを意識してしまうときです。夫や妻が一緒にいたときは、うっとうしいなと思っていたとしても、いざひとりになると、必要以上に寂しさを感じてしまうものです。

ましてや、家族で住んでいた広い家にひとりで住むことになると、けっこう孤独を感じてしまうわけです。可能なら、**ひとり住まい用に家を住み替える**ことをおすすめします。

他にも、**脳内にある前頭葉の衰えも、寂しさと密接にかかわっています。**前頭葉の主たる働きは、ある考えにとらわれたとき、他の考えにスイッチする機能です。年をとって、前頭葉の機能が衰えていると、一度悲しい感情や不安感情に陥ってしまうと、そこから逃れられなくなります。これも、寂しさを払拭できない原因の一つです。要は、前頭葉の機能が落ちているから、心の切り替えが難しいのです。

ただ、前頭葉に関しては、年をとったから機能が落ちたとは一概にいえません。前頭葉は若い頃から使っていなくては活発に機能しません。たとえば、テレビや学校の先生の言うことを鵜呑みにして疑わない、誰かの言いなりになり、言われた通りに生きていく。そんなことをしていたら、前頭葉はまったく鍛えられません。

前頭葉は、何歳からでも使えば動き出す分野です。前頭葉は想定外のことが起こったときに動き出します。悲しみにとらわれているときこそ、ちょっと普段と違う道を歩いてみたり、行ったことがないレストランに行ってみたり、読んだことがない本を読んでみたりと、想定外のことを起こしていきましょう。

夫の存在を重荷に感じていた妻でも、遊び人で妻の存在をウザいと思っていた夫でも、先に死なれてしまうと、罪悪感を抱いてしまうものです。寂しさは、エスカレートする感情でもあるので、**どうしようもないときは、カウンセラーや精神科医という心のプロに頼る**ことを考えてもいいのではないでしょうか。

精神科や心療内科に行くのは「心を病んだ人」というイメージが強いのか、そう気軽に通える場所ではないようです。でも、宗教や占いやキャバクラに行って、愚痴をこぼすくらいなら、もっと気軽に心のプロに頼ってほしいと思います。

ひとり暮らしと家族暮らし、自殺が多いのは？

ひとりは、本当に孤独で寂しいことでしょうか。寂しい寂しいという間に、よく考えてください。

あなたが夫を亡くした妻だと仮定しましょう。家族で暮らしていた頃は、主婦だったと考えましょうか。その頃の暮らしはどうでしたか？　子供がいても、子供は学校に行っているし、夫は会社に行っている。その間、あなたはひとりだったはずです。ずっと孤独で寂しくて仕方がないと思っていたのでしょうか？　そんなことはなかったはずです。

それなのに、今、寂しくて仕方がないと感じてしまうのは、たぶんに、思い込みの力が働いているからです。**ひとり＝孤独、寂しいと勝手に決めつけ、思い込**

み過ぎているのです。

伴侶をなくし、ひとりになった途端、ひとり暮らしが初めてでもないのに、生まれて初めてひとり暮らしになったような気になってしまうのです。落ち着いて、俯瞰でものごとを見てください。ひとり暮らしは普通のことです。

思いを共有したり、気持ちを分かり合ったりする相手がいないことによって、孤独感に押しつぶされそうになってしまう人も確かにいます。でも、その一方で、高齢者に限っていうと、ひとり暮らしの高齢者よりも、家族と同居している高齢者のほうが、自殺する人の割合は高いという事実があります。

ひとり暮らしのほうが孤独なのではないかと思いがちですが、家族と同居している人のほうが「迷惑をかけている」といった引け目を感じていて、強いストレスにさらされている可能性があるのです。

働いていないことに対して家族から嫌みをいわれたり、遠慮して部屋に閉じこもりがちになったりすれば、疎外感を感じてしまうのは避けられません。疎外感は、寂しさを感じる原因の一つです。

そういう意味では、孤独であること、ひとりなことが、必ずしも寂しいこととイコールであるとはいえないわけです。**ひとりは、悲観することではない**のです。

私だって、これまでずっと人生を上手に生きてこられたかといえば、そんなことはありません。昔からコミュニケーションの取りかたが下手で不器用だったためいじめにあい、孤独感を抱えていたこともありました。そうです。**誰しも心に孤独を抱えて生きている**のです。

しかし、思うのですが、ひとりや孤独はそんなに悪いことなのでしょうか。私自身は、ひとりは寂しい、ダメなことだ、ひとりでいたくないという考えかたは、一面的で短絡的だと思っています。実際、この年になると、ひとりのほうがいい、楽だと思うことのほうが多くなってきました。

最近では、ひとり暮らしを選ぶ人もものすごく増えています。50歳の時点で一度も結婚したことのない人の割合を「生涯未婚率」といいますが、男性は28・3％、女性も17・8％います（2020年、内閣府『令和4年版　少子化社会対策白書』より）。この数字も、これから上昇すると考えられています。

国立社会保障・人口問題研究所の研究者の間では、2050年には、男性36・5％、女性27・1％への上昇を予測しているそうです。

この結果は、「ひとりのほうが気楽だ」と感じて、あえてひとり暮らしを選ぶ人が増えているということも大きな要因なのです。

テレビで時間をつぶしてはいけない

これまでのひとりの時間つぶしというと、どうしてもテレビになってしまっていました。実は、そのテレビは、人を不安にさせる情報ばかり垂れ流すので、まったくいいものではありませんでした。事件や事故のニュースは、観れば観るほど、孤独と不安を掻き立てるので、おすすめできません。何より、スポンサーの意向に沿った番組の言いなりになっていては、前頭葉が機能しなくなり、バカになります。

今の時代は、選択肢が山ほどあるのです。アマゾンプライムビデオやネットフリックスといった動画配信サービスに加入すれば、好きな韓流ドラマも観られるし、昔のお笑いだって楽しむことができます。どうせなら、こっちを観て時間をつぶしたほうがいいでしょう。

物理的にひとりが嫌だというのなら、スポーツクラブに通ったり、習い事を始めることもいいと思います。

日本には、言論の自由も思考の自由もあるはずなのに、自由に生きようとする人が少ないように感じています。

コロナ禍では、マスクをしていない人や夜間営業する飲食店を糾弾する空気が生まれました。「皆が我慢しているのに、なぜ自分勝手な行動をするのか」という論調です。日本人は、同調圧力（集団に合わせるようにさせる無言の圧力）に屈する傾向が他国に比べてとても強く、多くの人がまわりを気にして行動する国です。

皆に合わせないと嫌われてしまうとか、周囲から浮きたくないとか考えながら生きていくことは、寂しいことです。誰も分かってくれないけど、忖度して黙っていなくてはならない。こんな教育や社会の中で育ってきたのですから、私たちはそもそも寂しさを感じやすいのです。**寂しいと思うことは異常事態ではありません。**気楽にかまえてください。ひとりを楽しむ手段など、いくらでもあるのですから。

ひとりで生きる人が勝ちなのです。

超簡単、和田流寂しさ解消法

最愛の妻を亡くした、大切な夫を亡くした、あるいは親が死んでしまって、うつっぽくなってしまった。そういった対象喪失が原因の沈んだ気持ちには、埋め合わせる方法がいくつかあります。

一つは、思いっきり悲しんで、それを吐き出すこと。二つ目は、死んだ人は帰ってこないというあきらめを持つこと。そして、三つ目は、代わりを探すということです。代わりを探すことは、ひどいことでも、冷たいことでもありません。非常によく使われる手段です。

ただし、人間の代わりを探すことは難しいので、現実案としては、ペットをおすすめしています。ペットといえども、今の時代、人間と同等です。寂しさや悲しみを補って余りある幸せを与えてくれるものです。うつっぽさをしのぐやりかたとしてとても有効なのです。

寂しさは食べて解消する

声を大にしていいたいことは、**落ち込んでいるときこそ、食べることが重要**だということです。特に日本人には、肉が足りていない。肉にはコレステロールが多く含まれています。コレステロールは、意欲とかかわる男性ホルモンの原料になったり、脳にセロトニンを運んだりする働きがあるので、活動意欲を保つために必要なのです。減らしていいものではありません。

悲しい気分のときに、もりもり食べるなんて、気乗りがしませんか？　それでも、そこを乗り越えて食べてください。大切なことです。

年をとってくると、かなり簡単に栄養失調や脱水になります。たとえば、若い人が一週間、断食、ファスティングをしても、まぁだるいけれどもやりこなすことができるものです。それが、高齢者の場合は、一週間で5歳は老けることになります。顔は皺だらけになるわ、髪は抜け出すわで、目も当てられません。高齢になるほど、食べることは生きることと密接にかかわってくるのです。

コンビニや外食ばかりでは食べたことにならないのでは。そう思うかもしれませんが、これはむしろ逆です。

ひとり暮らしになると、食べていても栄養失調になることがあります。実は、この原因は粗食です。ひとりだし、面倒だからと、あるものでしゃしゃっと食事を済ませてしまう。ご飯とお漬物だけになる。これはダメなんです。タンパク質はろくに摂らない、脂肪分もない。これでは、栄養が全然足りない。

アメリカの貧困層の人たちは、かなり太っているのに、栄養失調を起こしていることが多いです。なぜかというと、ジャンクフードばかり食べて、他の栄養を摂っていないからです。ポテトチップスばかりを50袋食べても意味がないということはお分かりいただけるでしょう。粗食ばかりということは、結果としてこれと同じということです。

やはり、食事には三大栄養素が必要となってきます。**炭水化物、タンパク質、脂質**。この三つを摂らないことには始まりません。そうです。脂質だって摂らないといけないのです。脂質不足は、肌がぼろぼろになって、顕著に老け込みます。

もちろん、他の栄養素も摂らないといけません。牡蠣や豚レバーに多く含まれる亜鉛が不足すると、味覚障害になり、食べ物が美味しくなくなります。そうすると、さらに食事をとらなくなり、余計に栄養失調がひどくなってしまうという悪循環に陥ることになります。

人間の体は年をとればとるほど、足りないものに対して弱くなります。若い頃は栄養素が足りていなくても、何とかもつのですが、年を重ねてからはまったく無理です。足りていない栄養素の不足が全面に現れてきて、たちまち不調をきたすことになるのです。

加えて、吸収力が落ちてきているので、**必要な栄養素は、若い人よりも余分に摂らなくてはならない**のです。

私たち精神科医は、うつ病の患者さんには「とにかく食べてね」といいます。アイスクリームでもいいから食べてください。食べて栄養を摂って、セロトニンやトリプトファンを増やして、うつに対抗するのです。

対象喪失型のうつは治る病気です。ある時期がくれば必ず立ち直り、うつ抜けします。大事なのは、それまでに栄養失調などでダウンしないことなのです。

うんと楽に生きる七か条

寂しさを振り払うには、**マインド・リセット**も有効です。要は考えかたや感じかた、思い込みをガラッと変えてしまうのです。これまでの人生で染みついたこだわりや執着を切り捨て、うんと楽に生きることを意識してください。

「寂しいけど、我慢しなくちゃ」「なぜ、私ばかりひとりに」という気持ちを背負い込んでしまうと、マイナスの感情で心がいっぱいになります。この考えかたをやめてしまうと自然と気持ちに余裕が生まれます。そうすると次第に心が「楽になる」のです。楽になると、ひとりぼっちが気にならなくなります。気にならなくなると孤独感が消えていくのです。

ひとりで寂しいとばかり思わないことです。やっと自由になれた。やっと自分のためだけに生きられる。そう心を切り替えることが大切です。**心のブレーキを外し、ぜひ、マインド・リセットのスイッチを押してください。**

夫や妻を亡くし、寂しくて仕方がないと思っている人は、真面目な性格なのです。そういう人にとって、考えかたを変えてしまうことは、抵抗を感じるかもしれません。しかし、**楽に生きることは決して手を抜くことではない**と理解してください。

私は、メンタルヘルスにいい生きかたの見本を問われたときに「高田純次さんのように、テキトーに生きられるといいですね」とお答えします。テキトーは、簡単そうで実は難しいことです。お笑いのプロに聞いても「ハードルが高い」といわれました。確かに広く芸能界を見渡しても、高田純次さんと同じようにテキトーで売っている人はいませんよね。その点からもテキトーの難しさはよく分かります。

それでも、「世の中、理屈通りにいかない」「分からない」という柔らかい考えかたを自分のものにしてほしいのです。

例を出して説明しましょう。

あなたが、高級ホテルの最上階のバーでカクテルを飲むことに憧れていたとしましょう。でもすぐに「柄じゃない」とか「私には贅沢で似合わない」とブレーキをかけてしまう自分がいます。

なぜそうなるかといえば「自分はこういう人間だから」という思い込みがあるからです。「私は居酒屋でみんなとにぎやかに飲むのが似合っている。ホテルのバーでカクテルなんて柄じゃない」と。

でも、憧れる自分もいます。

「夜景がきれいなんだろうな」

そう思うと、ドキドキするけれどちょっと試してみたい気もします。

試してみましょうよ。

自分の殻を破って、自分でも気がつかなかった自分に出会うのです。これが、頭を柔軟にするということです。

「こういう人間だ」と思い込んでいた自分とはまったく違う自分がいたことに気がつくと、勇気が出ます。そうなってくると何が起こっても「いやいや。分からないじゃないか」と自分を励ますことができるようになるのです。

今までは「こうに違いない」という一つの答えしか出せなかったのに「いや、こういうのもあり得る」とか「こっちだって考えられるぞ」と気がつけば、希望が生まれます。大切なのは、狭い知識による思い込みから抜け出すことです。

まずは、**決めつけ思考から抜け出すこと**がマインド・リセットの基本です。テキトーとマインド・リセットを体得できれば、ひとりは寂しいと決めつけることもなくなり、落ち込まなくて済むようになります。

ここで、マインド・リセットのコツをお伝えしたいと思います。実に簡単なことです。まずは、行動してしまう。その行動もいつもと変えてしまうということを意識してください。これだけで、マインド・リセットしやすい頭に変わっていきます。

考えかただけをいくら変えてみても、日常生活や生活パターンが変わらない限り、なかなかマインド・リセットされません。悲嘆にくれる今の毎日から抜け出したいのなら、**まずは外に出ることから始めてみましょうか**。そうすると、自然と関心が外側に向き、塞ぎ込んでばかりいた気持ちが楽になります。

私は、若い頃から医療の現場でたくさんの方々と出会ってきました。そこで分かったことは、楽しく充実した暮らしを送り、毎日に幸せを感じている人は、考えかたが違うということです。では、いったい何が違うのか。私が学び、気づかされて、たどり着いた答えを特別にお教えします。名づけて、「マインド・リセット七か条」です。これからは、以下の考えかたを意識して生活してみてください。心が軽く自由になっていくのが分かると思います。

第一条　勝ち負けで考えない

まずは第一条、勝ち負けで考えないことです。

勝ち負けでものごとを考えていたら、人間は学ぶことができません。加えて、視野が狭いままで人生を歩まざるを得なくなります。勝ち負けに「ばかり」こだわって偏狭な考えに陥ることは避けましょう。

人は、受け入れることによって知恵がつきます。それを負けだと思ってはいけないのです。**自分の考えを変えない以上は、それ以前より賢くなることはない**のです。世の中には絶対的な正解などない。試してみないことには分からない。そうとらえることで世界は大きく広がるのです。

第二条　試してみないと答えは出ない

寂しくて仕方がない。元気がなくて外出などできない。ひとりでなんて生きられない。などといって新しいことに挑戦しないのはもったいないことです。自分の基準を勝手につくって、そこから一切出ようとしないのでは、何も始まりません。やる前から「ダメ」「できない」と答えを出すのはすぐにやめてください。

第三条　「かくあるべし」思考は捨てる

たとえば、素敵な赤い服があったとしましょう。あまりにチャーミングなので自分も着てみたいと思ったものの「これを着たら笑われるんじゃないか」と躊躇する人は多いのではないでしょうか。でも、笑われるかどうかは、着てみないと分からないのです。まずは、着てみればいいのです。ひょっとすると「よく似合っている」「若々しくていいね」と褒められる可能性もあるのです。試してみないと分からないではないですか。

「かくあるべし」という思い込み――これは、あるいはプライドというのかもしれません――は、可能性をどんどん削いでしまいます。

「かくあるべし」思考は、世間体を気にしすぎていることが原因で発生するのではないでしょうか。

「かくあるべし」＝「かっこ悪いからやめよう」という思考は、行動範囲を狭めてしまいます。「ひとりになってしまったのだから、暗くひっそり生きていくんだ」「新しい相手なんて考えたら非常識だと思われる」そんな理由で、外出をせず、他者との会話を避けていては、楽しい後半戦を手にする可能性すらなくなってしまいます。

柔軟に受け止めることこそが、うつのリスクを下げる鍵となります。

第四条　今を楽しむ

今は元気だとしても、突然、脳梗塞になって、明日から要介護になったりすることもあります。転んで骨を折ったら、若い頃と違って治りが悪く、ずっと歩行が困難なままということもあります。

高齢者は「5年後には」と思っていても、その5年後には、体の状況がかんばしくない可能性があるということを、念頭に入れておかなければなりません。ですから、今を楽しむのです。

今楽しめることは今楽しんでおかないと、あとで楽しめなくなることがある。

そういう覚悟が必要です。若い頃であれば「今は我慢して頑張れば、あとからいいことがある」と思う人のほうが、将来成功することも多いでしょう。でも、私たちは、もうそうじゃないのです。今楽しんでおかないと損——そのようにマインド・リセットしましょう。

第五条　人と比べない

自分はあの人と比べて不幸だ。負けている。あるいは、幸せだから勝っている。

などと、**人と比較して一喜一憂するのはやめましょう。**高齢者の違いとは、「早いか遅いか」それだけです。

第六条　自分で答えを出す

私たちは豊かな人生経験を積んできました。もちろん、多くの失敗も重ねてきました。その積み重ねがいわゆる「肌感覚」を磨いてきたのです。自分では自覚しにくいかもしれませんが、これまでの経験で、肌感覚が研ぎ澄まされてきたわけです。その優れた肌感覚にのっとって出した答えは正しいと信じていいのです。

たとえば、あなたに新しい恋人ができたとしましょう。本人同士は結婚したいけれど「財産目当てだろう」と子供たちや友人が反対する。でも、恋人がどのような人なのか、本当に愛し合っているのか、それとも実は財産目当てなのか。そういったことは、当事者であるあなた本人が肌感覚で答えを出せばいいのです。

大事なことは、他人がどう考えるかではなく、自分がどうとらえるかです。自分の人生の結論は、自分で出してください。

第七条　人目は気にしない

これは、マインド・リセット全般において、もっとも大事なこととなります。勝ち負けでものごとを考えたり「かくあるべし思考」にがんじがらめになったりするのも、いってみれば人目を気にしすぎているからです。**自分のことは自分で決めるためにも、人目を気にしすぎることはやめましょう。**

もちろん、犯罪行為はいけませんし、人に迷惑をかけることは慎みましょう。でも、そうでないなら、自分がやりたいことをやればいいと思います。自己満足は悪いものであるかのように思われがちですが、それは間違いです。

人間にとって満足することほど幸せな状態はありません。満足すると、脳内には幸せホルモンであるセロトニンが分泌され、健康を保つ手助けになります。

たとえば、ひとりになったのですから、これからは新しい恋をしてもいいのです。恋人ができたなら、仲よく手をつないで歩けばいいと思います。「年甲斐もなく」といった人目など無視すればいいのです。

かつて歌人の川田順が「墓場に近き老いらくの　恋は怖るる何ものもなし」と詠んだように、高齢者の恋は怖いもの知らずでいいのです。私はそう思います。

恋人はできないけれども、性欲を持て余しているという方は、堂々と風俗に行けばいいでしょう。「エロ爺」とみなす人目など、まったく気にする必要はありません。それで男性ホルモンが活性化すれば、心身ともに元気が出るものです。

心が変われば行動が変わる。
行動が変われば習慣が変わる。
習慣が変われば人格が変わる。
人格が変われば運命が変わる。

私は、これからの日本にマインド・リセットを広めたいと強く願っています。

マインド・リセットをすることで、行動が変わり、習慣が変わり、最後には運命まで変わっていくのです。すぐにチャレンジできる簡単なことです。きたるべき高齢化社会において、マインド・リセットは必要なことなのです。

寂しさの正体は何か

マインド・リセットのコツを覚えると同時に、消えない寂しさの正体は、脳の機能であることも理解しましょう。

大切な人を亡くしたショックや悲しみがいつまでも消えないのは、**脳内の海馬という器官が活性化されてしまったから**だともいえます。海馬は、主に私たちの記憶をつかさどる器官です。海馬は、感情とも密接にかかわっているから厄介なのです。

強い感情、たとえば大きな悲しみや怒り、悔しさ、極端な寂しさという気持ちが生まれると、海馬は活性化されます。前述の通り、海馬は記憶もつかさどっているため、強い感情を伴った出来事が起こると、記憶する部分も同時に刺激されてしまうのです。すると、相乗効果が起こります。そのためいつまでも忘れられなくなるのです。だから、ずっと悲しく、寂しいのです。

もちろん、これにも解消法があります。強いマイナスの感情は**「快体験」を重ねて上書きしてしまう**というやりかたです。外に出て人と会っておしゃべりしたり、美味しいものを食べたりする。旅をしたり、何かを勉強することもいいでしょう。心ときめく体験はすべて快体験といえます。もっといえば、特別なことをする必要さえありません。気持ちいい汗をかいて冷たい水を飲む。これだけでも、快体験は成立します。小さくていいのです。快体験を繰り返すことで、マイナスの感情など、すっかり上書きできるのです。

快体験の積み重ねは、私たちを若々しくさせ、意欲を膨らませてくれます。そして、気がついたときには、悲しみや寂しさから立ち直っているのです。

居心地のいい場所をつくるには、競い合う気持ちを持たず、ただ楽しむことです。自分が楽しいと思うことを、楽しい場所や人間関係の中で続けていってください。うまくできないことがあっても「ほんと、ぶきっちょだねえ」と自分を笑い飛ばしてしまいましょう。できなかったことができるようになったら「あら、私もたいしたものね」と素直に喜べばいいのです。そんな体験を繰り返しているうちに、自然と笑顔を取り戻すことができます。そんなとき、あなたのまわりには幸せな時間が流れていることでしょう。

お互いさまで
解消する

寂しさを抱えがちの人に共通するのが、人に甘えるのが苦手な傾向があるということです。そういう人はだいたい真面目なので「自分で何とかしなきゃ」「こんなことを人にいってはいけない」と考えがちです。これが自分を追い込んでしまいます。

人に助けを求めることは悪いことではないし、恥でも何でもありません。苦しいときは人に迷惑をかけるなどと考えず、誰かに打ち明けてみてください。いき詰まったと思ったら、誰でもいいから頼れる人や窓口を探して「助けてください」といえばいいのです。それは、私たち精神科医のような心のプロでもいいと思います。きっと、受け止めてくれる人がいます。

強い人というのは、何があっても平気だという人ではありません。何かあったときに、すぐに誰かに頼れる人、自分がつらいときに人に打ち明けられる人のことをいうのです。それは弱さではなく、人生を生き抜くための力なのです。

人に頼ったり、自分のつらさを打ち明けたり、弱みを見せたりする行為は、人間関係を円滑にすることもあります。正直に気持ちを話してくれたと、相手の共感を呼び、リラックスした関係が生まれる可能性があるからです。

思い出してみてください。あなた自身も、友達から何かを相談されたり、つらい気持ちを打ち明けられたりしたら「自分は頼られている」とか「自分が選ばれた」と感じて、むしろ誇らしく感じたことがあったでしょう。そういうことなのです。

自分のことを理解してくれようとする人がいるとか、本音をもらしたときに、それがネガティブなことであっても「その気持ちは分かる」と肯定してくれる人がいるということは、非常に大切です。数は少なくていいのです。人間にはそういう存在が必要なことを忘れないでください。

生きることとはお互いさまです。

誰かの助けを借りてつらい時期を乗り越えられたら、その経験はあなたにとって大きな力になります。そして、今度はその経験を活かして、自分が誰かのピンチを救う側にまわればいいのです。社会は「お互いさま」で成り立っているのです。

誰だって、いつもうまくいくわけではないし、いつでも強くいられるわけではありません。まずは人に話してみることです。いい意味でお互いに依存することで、人生なんて楽に乗り越えてしまいましょう。

ＡＩ（人工知能）で解消する

今後、ＡＩは圧倒的に進歩します。課題を与えると文章をつくってくれるチャットＧＰＴを活用した悩み相談は、ほぼ実用化の段階に入っています。つらさや苦しさを話すと、ＡＩがそれに対して適切なアドバイスを与えてくれるのです。ヘボなカウンセラーなどよりよほどいいアドバイスをしてくれるようになります。

ときどき一緒に対談している堀江貴文さんがいうには、人の偏ったものの見かたを修正していく認知療法的なカウンセリングであれば、ＡＩのほうがむしろ優秀な可能性があるのだそうです。

考えてみれば、それもそのはずです。今まで相当数の人の悩みや問題などがビッグデータとして蓄積されています。チャットＧＰＴはそのデータを学習して適切な答えを導き出すわけですから、実際、的確で優秀なことが想像できます。おそらく2、3年先には、ＡＩが悩み相談にのってくれる時代になっていることでしょう。

２０２３年には、ＡＩの国語力は人間に追いつきました。相手が人間であることにこだわりさえ持たなければ、寂しいときに呟いた言葉に対して、的確でいい言葉が返ってくる時代はすぐそこなのです。

加えて、ＡＩとの会話が音声や文字だけでなく、テレビのモニターのようなかたちになれば、ちゃんとした人間とＺｏｏｍで話しているのと変わらなくなります。今のＡＩは、声だってもちろんロボット声なんかではありません。岸田元総理の声でしゃべることが可能となっているわけですから、福山雅治さんの声でしゃべってもらうこともできるわけです。こう考えるとワクワクしてきます。

このように、将来的にはＡＩが悩み相談をしてくれるかもしれないとか、ＡＩが人間の友達になるかもしれないというと「人間社会が崩壊する」などと大反対する人もいます。まったくの勘違いだと思います。そんなに悪いことでしょうか。ＡＩが進化していけば、人間よりずっと上手に、心を傷つけないような励ましの言葉をかけてくれるかもしれないのです。素晴らしいことだと思います。

ＡＩが進化して人の悩み事にも対応できるということは、人間の寂しさを紛らわせてくれるツールが一つ増えるということでもあるのです。

これからは、社会環境が大きく変わっていきます。既存の価値観もどんどん変化していくはずですし、技術も進化していきます。それは、選択肢が増えるということです。希望を捨てる必要はありません。解決方法はいくらでも見つかるはずですよ。

生きることを楽しむ

ここで、視点を変えてみましょうか。

私は、変わらないなら、変わらないなりの自分でやっていく。そんな考えかたもいいと思っています。

およそ100年前に確立された精神科医・森田正馬(まさたけ)先生による精神療法に「森田療法」というものがあります。森田療法の特徴は一言に尽きます。**「悩みを持ったまま、あるがままに生きる」**ということです。

人が生きていくうえでは、不安を感じたり、悩みを抱えたりするのは自然なことです。だから、無理やりなくそうとするのではなく、不安や悩みを抱えながら生きていく。その「方法を考える」というのが森田療法なのです。

どうしても、寂しさを抱えてしまうのなら、寂しさを抱えてどう生きていくかを考えましょうというのも一つの手です。

自分の運命を呪っても、何も変わりません。その運命の範囲内で今の自分に何ができるかを考えるほうが有益です。

試行錯誤を繰り返しながら、あなたなりのやりかたを身につけてください。生きることは楽しむことです。寂しささえ楽しめる日がきっとやってきます。私はそう信じています。

第五章

4つの壁を越える

「認知症」「ガン」「うつ」「依存症」

認知症はただの老化

私は長年、高齢者専門の精神科医をやっています。そこで痛感していることは、**認知症にならないということは無理ですし、確たる予防法もない**ということです。浴風会病院に勤めていたとき、年間100体ほどの解剖の結果を見てきたのですが、85歳を過ぎて、アルツハイマー型の脳の変化が起こっていない人はいませんでした。MRIやCTで頭の写真を見ても、年をとっても脳が縮んでいないないなどという人はいません。

つまり、**認知症とはあくまで老化現象の一つ**なのです。恐れることはありません。

皆さんが認知症をこわいと思うのは、ある日突然「自分や家族のことが分からなくなってしまう」と思っているからではないでしょうか。正常なコミュニケーションがとれなくなり、問題行動が頻発する。そうなることを恐れているのでしょう。

でも、ちょっと考えてみてください。「朝起きたら、髪の毛が全部なくなっていた」などということは、起こりませんよね。だんだんと抜けて、薄くなっていくものです。認知症もこれと同じです。とてもゆっくりと進行していくのです。脳の萎縮は40代から始まっているので（子どもの頃からという説もあります）、実は20〜40年かけて徐々に進んでいくものなのです。

認知症に対する一般的な認識は誤っているものも多いです。そうした認識をできるだけ多くの人に改めてもらいたいと、私は強く願い続けています。日夜、認知症に対する正しい理解を社会に浸透させるために、執筆活動、講演、あるいはSNSでの発信などで活動しているのです。

認知症について、私はこう考えていただきたいと思っています。

若い頃に比べて、脳の働きがほんの少しだけ不自由になるだけだと。

年をとって、認知症になったからといって、すべてをあきらめる必要はありません。できる限り、今まで通りの生活を送ればいいだけです。

認知症の原因は加齢による脳の変性です。これは、長寿社会の宿命ともいえます。自分が「いつかなるかもしれない」ではなく**「必ずなる」と覚悟しておくこと**が重要なのです。

認知症で人はこう変わる

認知症になるとこんなふうに変わります。

代表的な認知症の症状をご紹介します。参考にしてみてください。ご自身でおかしいなと感じたら早めの受診をおすすめします。

意欲低下（記憶障害より先に始まる初期症状）

- 外に出掛けようとしなくなる
- 趣味を面倒くさがる
- おしゃれに気を遣わなくなる

記憶障害

- 同じことを何度も話す、聞く
- 物をしまった場所を忘れる
- 約束、施錠、薬の服用などを忘れる

注意障害

- 集中力、注意力の低下
- 複雑な行為ができなくなる

●気が散りやすい

見当識障害

●時間、今いる場所が分からなくなる

●家族や友人のことが分からなくなる

実行機能障害

●家事、仕事の順番、段取りができなくなる

●外出、買い物がスムーズにできなくなる

●電化製品、自動販売機、スマホ、カードなどの使いかたが分からなくなる

こうした症状が顕在化して、これまでスムーズだった行為に支障をきたしたり、問題行動が生じたりした場合、認知症発症とされます。意識して覚えておくとよろしいかと思います。

認知症は、人格を崩壊させ、徘徊など周囲に迷惑を及ぼすというイメージを持たれます。中には認知症になると、急に言動が粗暴になり「暴れ出す」と思い込んでいる人もいることでしょう。「認知症になったら人間として終わり」などと信じて疑わない人もいますが、専門家の私からいわせると、これらは認知症に対する正しい理解とはいえません。

周囲が「この人も年をとったな」と思っている間に静かに進行していくのが認知症の特徴です。認知症の患者さんと接した経験のある人なら理解していることですが、認知症を発症すると多くの人は「大人しく」なるものです。急に暴れ出したり、大声を出したりすることはほぼありません。それは多くの場合、「せん妄」という別の精神障害によるものなのです。

認知症によって、普通ではない人、周囲に不安を与える人に急激に変わってしまうことはごくまれにしか起こりません。「人間として終わり」などととらえることは無知をさらけ出すことになってしまいます。

幸いなことに、認知症には、発症を遅らせたり、進行を遅らせたりする方法もあります。仮に発症したとしても、悲惨な日々が待っているわけではないのです。そう心配する必要もないでしょう。

脳へのダメージを少なくするには、ストレスのない日々を送ることです。無理なくおだやかにひとりの生活を楽しんでいきましょう。

ひとりで越える
認知症の壁

私は30年以上、高齢者の精神科の治療を本職としてきました。認知症の患者さんを診てきた数は、わが国でもトップクラスではないかと思っています。その数は4000人くらいに達するのではないでしょうか。

もちろん、認知症予備軍も診察するわけですから、その人たちを含めれば診察した高齢者の方の人数は膨大な数字になるはずです。その経験から「認知症になりにくい人の特徴」や「こうしていれば認知症を予防できる」「進行を遅らせることができる」という方法をいくつか見つけ出しています。

ここで、それをお教えします。誰しも年をとることは避けられません。けれども、認知症に関しては、避ける方法があるのです。ぜひ、今から実践していきましょう。

大きな声を出す

よく声を出している高齢者は認知症になりにくく、また発症後も症状の進むスピードが緩やかです。特にいいと思えるのが詩吟で、大きな声をお腹の底から出すことは、脳や腹筋などの筋肉を刺激し、それがいい結果につながっているのかもしれません。

同じ意味でカラオケもいいと思います。

新しいものを受け入れる

特に前頭葉が衰えてから、新しいことを受け入れることは脳にとって大きなストレスになります。これがいいのです。**脳が悩み困ることはそのまま脳の活性化につながります。**

どんなことでも決めつけてかかったり、自分の間違いを認めない「頑固オヤジ」のような態度では脳の働きは鈍くなる一方です。新しいものを拒否するのは、前頭葉の老化と、脳がストレスによるダメージから自分を守ろうとしている防御本能の表れです。実際、**頑固オヤジ傾向がある人は、認知症になりやすい**と思います。

認知症になりにくい人は日常的に以下のような行動をとっています。

●人の話を素直に聞く
●人から勧められたら素直にやってみる
●周囲と良好な人間関係を築くようにつとめる
●他者が困っていたらすぐに助ける
●仕事や趣味など「新しい何か」にチャレンジする
●好奇心が強い

つまり、認知症になりにくい人というのは「誠実性」や「開放性」が高い人ということになります。

認知症予防のためには、まずは行動すること、そして、その行動を継続すること。継続して初めて認知症の予防効果は成立します。いろいろなことに興味を持ちつつ、それが長続きしやすい「誠実性」の高い人は、結果的に認知症になりにくい人ということになります。

会話を増やす

頭を使うためには、他人との「会話」が手っ取り早いかと思います。会話とは、相手がいったことを受け止め、理解したうえで、何らかの反応をしてみせるという非常に高度な知的作業です。そのため、会話をすれば自動的に「頭を使う」ことができるわけです。

とはいえ、ひとりぼっちで友達もいない、誰も話し相手がいないという人も多いかと思います。その場合、ボランティアはいかがでしょうか。アメリカにあるジョンズ・ホプキンズ大学の研究によると、学生とともにボランティア活動をした高齢者は、そうではない高齢者に比べて認知機能が改善したのだそうです。

ボランティア活動ならば、会話の機会もできますし、人生経験を活かすことも

できます。認知症予防でも寂しさを紛らわす手段からだったとしても、意義のあることで、おすすめできます。

スマホに興じる不良老人になろう

パソコンやスマホに触れ、未知の体験をすることは非常に効果的です。

2015年、アメリカ神経学会の公式学会誌『Neurology』に興味深い研究結果が発表されました。それによると、**中高年になってから「何かを新しく始めた人」は認知症になりにくい**というのです。

つまり、パソコンやスマホで、ネットゲームやネットサーフィンに興じるちょっと不良の老人のほうが、認知症のリスクが低いということが分かったのです。これは素晴らしい。活用しない手はありません。

まずは、スマホを手元に用意してください。夕食の写真を撮り、写真を投稿するＳＮＳ「インスタグラム」に「今日のゆうごはん」などとタイトルをつけて、写真を載せてみるのはいかがでしょうか。

実際「ボケ防止」目的でインスタグラムを始めた人を知っています。人に見られているという意識もあってか、これまでの食事よりも多少頑張ってつくったり、見映えも気にするようになると、食事にも張り合いが出るようです。

スマホからインターネットに接続すれば、これまで知らなかった情報を得ることができます。まさに「未体験ゾーン」の入り口です。掌の上から始まる新しい体験だなんて、未来的だと思いませんか。

冒険のワクワク感は脳を活性化してくれます。どんな楽しいことが起きるのか期待してＩＴを覚えてください。一歩踏み出せば、素敵な「何か」が無限に待っているのです。

何から手をつけたらいいのか思いつかないという人は「ネットサーフィン」が

いいでしょう。パソコンでもスマホでも簡単なほうでかまいません。今ではネットを使うと、ありとあらゆるといっていいほどの調べものができることを学ぶことができます。

「子供の頃に住んでいた街は、今どうなっているんだろう」

「小学校のときに仲のよかった石井君は、今何をやっているのかな」

何でもいいので、ネットで調べてみましょう。世の中は自分が知らないことばかりだということに気づかされることと思います。ふとした疑問を調べる癖がついたら、ネットサーフィンをルーティン化して、日常に取り入れるといいですね。

どうしても使いかたが分からないという場合は、パソコン教室、スマホ教室に通ってみることも考えましょう。ＩＴはやりかたを覚えてしまえばこっちのものなので、多少面倒だと思っても頑張ってみることをおすすめします。

ただし、夢中になるあまり、体調を崩してしまわないように注意してください。

ネットの世界は熱中しやすいので、時間を決めて楽しむのもいいかもしれません。

ストレスを書き出す

認知症予防を考えるとき、ストレスはとても重要な要素です。ストレスがかかると脳内の海馬という部位が傷つき、萎縮してしまいます。海馬は記憶をつかさどる部位です。新しい記憶を整理整頓しているところなので、ダメージを受けうまく機能しなくなると、新しいことが覚えられなくなるのです。認知症による記憶障害は、海馬の萎縮も原因の一つなので、できるだけダメージは防ぎたいところです。

ストレスが引き起こすイライラや怒りを鎮める方法はいくつかあります。たとえば、深呼吸やコップ1杯の水を飲むことなどは代表的な興奮の鎮めかたです。どうしてもむしゃくしゃして、苛立って仕方がないというときは、今、自分の中にある感情を書き出すことをおすすめします。書くことで解決するわけではありませんが、ストレスの原因と距離を置くことができるのです。

イライラの原因がいくつもあって頭が混乱していたとしても、いったん全部書き出し、読み返してみると、何が解決できて、何ができないのかを客観視できるようになります。そうすると、ストレスの種がはっきりと見えてくるのです。それだけで、ある程度気分が落ち着いて安定しますから、結果的にストレスを軽減することに成功するというわけです。

人に読ませるものではないので、**思いつくまま、でもできるだけ詳しく書き出すといいでしょう。**

理想的な睡眠時間

質のよい睡眠をしっかりとること、睡眠不足にならないことを心がけてください。もしかしたら、認知症予防に一番大切なことではないかと、私は思っています。

充分な睡眠は、脳の衰えを防ぎ、認知症と老人性うつの発症、進行を抑える最良の方法です。

認知症と睡眠の関係を簡単に説明しましょう。

私たちが眠っている間も、脳は活動しています。睡眠中、脳内を脳脊髄液が循環し、たまった老廃物を脳外に排出しているのです。この作業は眠っている間しか行うことができません。

睡眠が不足すると、アルツハイマー型認知症の原因物質とされるアミロイドβというタンパク質が脳内に蓄積されるといわれています。睡眠不足は認知症と大きく関連しているのです。

睡眠時間と認知症の関連の研究はさかんに行われています。アメリカの研究でも、イギリスの研究でも、睡眠不足の人は、そうでない人よりも認知症と診断される割合が高いことが明白でした。

認知症予防のためには、相応の睡眠時間が必要です。時間より質が大事だとする説もありますが、最新の研究では、ある程度の睡眠時間を確保しないと、脳の休息がとれないということが判明しつつあります。個人差もありますが、昼寝も入れて**一日6時間以上の睡眠**をとるように心がけるとよろしいかと思います。

我慢はしない

数字というものは目標値に置き換わります。卵は一日一個にしよう、ストレッチは必ず10分間続けよう、ウォーキングは1万歩歩こう。そんなふうに、数字をクリアすることは目標になることもあります。

ただし、数字をクリアするために「こうあるべき」「かくあるべき」的な考えが強くなると、生活そのものが息苦しくなり、楽しさや喜びとは縁遠い暮らしぶりになってしまいます。そのような生活は、認知症へのリスクファクターを増やすことに他なりません。

数字をクリアしなくてはならないという思い込みは、生活に我慢を強いるのです。我慢ほど、脳や体に悪いことはありません。

数字以外にも、暮らしの中にはたくさんの我慢があります。

- 炭水化物は体によくないから控える
- 砂糖は脂肪を増やすから、おやつは一日おきにする
- 血圧が上がるから薄味
- 天ぷらの衣は残す
- 嫌々の運動
- Hな動画の自主規制

こんな具合です。**我慢は生きる楽しみを奪います。**次第にストレスがたまり、脳の機能は停滞、免疫力が下がることは目に見えているのです。自分を律し、欲望をコントロールすることばかり気にしていては健康で明るい生活は送れません。

やりたいこと、好きなことこそが脳に刺激を与えてくれます。日本人特有の勤勉さ、几帳面さという気質が、困難や我慢を美徳と考えてしまっているのはよく分かります。でも、これからは解放されてもいいのではないでしょうか。快適さや心地よさを求めてもいいのです。

好きなこと、楽しいことを実践することは、脳が活性化する生活です。我慢して、数字に振り回されるような生活にはオサラバしましょうよ。あなたには、もっと快適に生きる権利があるのですから。

ひとりで越える
ガンの壁

ひとり暮らしでガンになったらどうしよう。そんな不安を覚えることもあるでしょう。

現在、日本では二人に一人がガンになり、三人に一人がガンで死んでいます。この数字も正しいとは限らないと私は思っています。

私が浴風会病院に勤務していた当時、多くの解剖結果を目にしていましたが、85歳を過ぎた人の体内には必ず、ガンがありました。つまり、二人に一人どころではなく、85歳を過ぎれば誰もがガンを抱えることになるのです。**ガンは特殊な病気ではありません。むやみに恐れる必要はないのです。**それに、二人に一人はガンの存在を知らないまま死んでいくのです。自分がどちらに入るかなんて分からないではないですか。

もしガンが発見されたとき、選択肢として考えられるのは二つです。

①苦しい思いをしても、一秒でも長く生きるために、ガンを根絶する。

②なるべく苦しまずに一日一日を好きに生きるため、たとえ残りの人生が短くなったとしても治療は最小限にして、ガンとともに生きていく。

①を選ぶ場合、大事になるのは、医者と病院の選びかたです。目ぼしい病院を見つけたらその病院の病気別の手術成績をホームページでチェックしてください。術後のフォローがいいか調べることも大切です。

今の時代、名医の治療を受けるには、お金を持っているかよりも「正しい情報を持っているか」がものをいいます。

そして、実際に診察を受けてみるのです。自分でいろいろとデータを調べ、それを並べて医者の話を聞くのもいい方法です。患者の話を熱心に聞き、最善と思われる治療方針を示してくれる医者を選んでください。「患者が医者に指図するな」などと怒ったり、不機嫌になったりする医者は「命をゆだねる価値のない人物」といえます。

自分で納得して治療法を決めるのと、医者や家族に勧められるがままに治療を受けるのでは、心の在りかたがまるで違ってくるのです。

②のガンとともに生きる治療法を選んだ場合、ひとりで普段通りの生活をしながら、やりたいことをして生きられます。ガンという病気は、積極的な治療をしなければ死ぬ少し前まで普通の暮らしができる病気です。治療を受けたほうが長生きか、受けないほうが長生きかも、日本の医学会は大規模な比較調査を行っていないので、分からないのが本当のところです。

高齢者の特権として、ガンとともに生きやすくなるということがあります。ガンの進行が緩やかになるため、いくつもガンを抱えながら、生活の質を損なわずに暮らしている人はめずらしくありません。放っておいても大丈夫なケースというのも意外と多くあるくらいです。そして、実際、先述の通り浴風会病院では、三人に二人はガンの存在さえ知らないまま亡くなっているのです。

もっと高齢になると、ガンの進行はさらに遅くなるので、食事も美味しくとれる、好きなことも続けられる、と死ぬぎりぎりまで生活に何の支障もなくなります。治療に使うはずだったお金で、旅行も楽しめることでしょう。

高齢者を専門に診てきた医者の立場としても思うのは、余計な治療さえしなければ、ガンになって亡くなるのは、わりといい死にかただということです。

悔いを残さないためには、年齢や状況を考えて、自分で判断することが大切です。

この病気にだけはなってはいけない

高齢者専門の精神科医として私が診ている患者さんの6～7割は認知症で、3割ぐらいがうつ病です。認知症は多幸的になる人が多いのですが、うつ病は悲観的で自分が人に迷惑をかけているという罪悪感に苦しんでいる人が多い。しかも毎日がだるく、食欲もなく、何か食べても味がしないというつらい症状も続きます。実は、高齢の患者さんを長年診てきた私が、**もっともなりたくないと恐れている病気がうつ病です。**

各種の地域住民調査によると、うつ病は一般人口の3%程度の有病率ですが、65歳以上になると、それが5%に上がります。これは、高齢になればなるほど、セロトニンという神経伝達物質が減るからです。セロトニンが減っているため、ストレスなどでもっとセロトニンが減ってしまうと、うつになってしまうのです。

高齢者になると、身体はもちろん、心にもダメージを受けることが増えます。仕事を失うこと、伴侶や兄弟姉妹、長年の友人との死別、老化による自信の喪失などストレスフルなことが容赦なく押し寄せる。もともとセロトニンが少ないことに加えて、ガクッとくるような体験をすると、それを引き金にうつ病になってしまうのです。

そして、そのガクッとくる体験の中で、もっともうつ病につながるとされているものが、今、問題にしている喪失体験です。このことは、ぜひ知ってほしいと思います。

高齢者に身近なうつ病ですが、そのこわさはあまり知られていません。うつ病になり食欲不振になると、高齢者は簡単に脱水症状を起こします。脱水すると血液中の水分が足りなくなって血液が濃くなるので、脳梗塞や心筋梗塞を起こしやすくなります。

脱水状態になると免疫機能も落ちてくるので、肺炎も起こりやすくなります。うつ病になって体力を落として亡くなってしまうこともめずらしくないのです。

また、先ほどいった身内や親友との死別など度重なる喪失体験から、孤立感を深めて自殺する高齢者も少なくありません。やはり、うつ病だけは、何としても避けなくてはなりません。

うつ病が疑われる場合、我々精神科医が真っ先に確認することは、食欲と睡眠です。如実に食欲が落ちて、実際痩せてきた。眠れない。特に同じ不眠でも、朝早く目が覚める早朝覚醒や夜に何度も目が覚めて寝た気がしないという熟眠障害は注意が必要です。

他にも、いろいろなことが億劫になってくるというのもうつ病の特徴です。「全然掃除をしなくなって、部屋が荒れ放題になってしまう」「下着も含めて着替えもしないようになり、毎日同じ服を着ている」「風呂にも入らず、においがするのに気にしていない」こういった症状はしばしば認知症と間違われますが、うつ病でも充分あり得ることです。

このような症状が急に出てきたときは、まずはうつ病を疑ってください。物忘れよりも「着替えや掃除をしなくなる」という症状が先に始まった場合は、余計にうつ病の疑いが濃いといえます。

うつ病はめずらしい病気ではありません。また、適切な薬物治療で改善することが多く、完治する人もいます。特に喪失体験が引き金で発症したうつ病は、うつ抜けするパターンがほとんどです。治療法があるのですから、おかしいと思ったら医師の元に早くきてほしいと思います。

何より大切なことは、ご自分の経過をよく知ることです。症状を知ることで、生活を変えたり、考えかたを変えたりすることができます。そうすることによって、うつ病になる前に対応ができ、ならなくて済むかもしれないのです。**うつ病は、早期発見、早期治療が有効です。**

では、いったい、どのような症状が表れたらうつ病だといえるのでしょうか。食欲の低下や熟眠障害といった分かりやすい項目の他にも、うつ病には、明確な診断基準が存在しています。以下にまとめましたので、ぜひ参考にしてください。

うつ病5つの症状

DSM-5（アメリカ精神医学会の現在の診断基準）のうつ病診断基準

A　以下の症状のうち、5つ（またはそれ以上）が同一の2週間に存在し、病になる前の機能からの変化を起こしている。これらの症状のうち少なくとも1つは（1）「抑うつ気分」または（2）「興味や喜びの喪失」である。

※　明らかな体調不良は除く。

1．その人自身の発言（たとえば悲しみまたは空虚感を感じる）か、他者の観察（たとえば涙を流しているように見える）によって示される、ほとんど一日中、ほとんど毎日の抑うつ気分。

※ 子供や青年では、いらいらした気分もありうる。

2．ほとんど一日中、ほとんど毎日のすべて、またはほとんどすべての活動における興味、喜びの著しい減退（その人の言明、または観察によって示されるもの）。

3．食事療法中ではない著しい体重の増減（たとえば1か月に5％以上の体重変化）、または、ほとんど毎日の食欲の減退または増加。

※ 子供の場合、期待される体重増加が見られないことも考慮。

4．ほとんど毎日の不眠または睡眠過多。

5．ほとんど毎日の精神運動性の焦燥または制止（ただ単に落ち着きがないとか、のろくなったという主観的な感覚ではなく、他者によって観察可能なもの）。

6．ほとんど毎日の疲労感、または気力の減退。

7．無価値感、または過剰あるいは不適切な罪責感（妄想的であることもある）がほとんど毎日存在（単に自分をとがめる気持ちや、病気になったことに対する罪の意識ではない）。

8．思考力や集中力の減退、または決断困難がほとんど毎日存在（その人自身の言明、あるいは他者によって観察される）。

9．死についての反復思考（死の恐怖だけではない）、特別な計画はないが反復的な自殺念慮、自殺企図、または自殺するためのはっきりとした計画。

B　症状は著しい苦痛または社会的・職業的・他の重要な領域における機能の障害を引き起こしている。

C　その症状は物質の生理学的作用や他の医学的疾患によるものではない。

※ＤＳＭ－５のうつ病診断基準の日本語版を編集部で一部改変。出典：『ＤＳＭ－５　精神疾患の

診断・統計マニュアル』American Psychiatric Association原著、日本精神神経学会（日本語版用語監修）高橋三郎・大野裕（監訳）／医学書院

※ここに挙げた項目はＤＳＭ－５のＡ～Ｃ項目であり、正確にはＤ～Ｅ項目も検討する必要がある。

少し難しい表現の仕方もありますが、これが、うつ病の診断基準です。なお、診断にはＡからＣのすべてを満たす必要があります。

過度に心配して、神経質になる必要はありません。知ることには意味があると考えてください。

うつ病を知ることには、４つの意味があります。

１つ目はうつが病気であることを知ること。２つ目はそれがどんな病気かを知ることです。これによって、自分がそれに当てはまるかどうかを知ることができます。３つ目はどんな治療をするか知ること。そして４つ目に治療によって治ることを知るのです。

うつ病は、早期発見、早期治療のほうが、長年うつ病を放っておいた人より、はるかに治りやすいです。これは、私の経験からもよく分かっています。高齢者の場合は、**うつ病がそのまま認知症へとつながりやすい**ので、おかしいと思ったら一度、医者にかかってみることをおすすめします。

ひとりで越える
うつ病の壁

うつ病だけは避けていただきたい。これから、その理由を挙げていきます。

うつ病はつらい病気です。軽いうちから悲観的、自責的になり、これから生きていても何もいいことはないとか、自分はクズ人間だ、みんなに迷惑をかけているなどと思うようになります。

そして、生きていてはいけない人間だ、早く死にたいなどと考えるようにもなってしまいます。毎日生きていることがつらくなり、少なくない数の人が、本当に自殺してしまうのです。

うつ病のつらさはさまざまありますが、具体的には、次のような話を聞くことが多いです。ここに、例を挙げておきます。

毎日続く体の重だるさ

重症のうつ病の人に話を聞くと、熱が出ているわけでもないのに、毎日39度の熱があるときとおなじくらいだるいのだというのです。

風邪など原因の分かっている病気であれば、治ればこのだるさから解放されるという希望も持てますが、うつ病の場合、いつそれが襲ってくるか分からないから、余計に絶望的になるのでしょう。

食べる楽しみが奪われる

何も食べたくなくなり、何を食べても味気なく感じるといいます。すぐにお腹がいっぱいになり、場合によっては吐き気も催します。食べるという人間の基本的な楽しみが奪われてしまうのです。私は、趣味がグルメなので、こういう状態には絶対になりたくありません。

夜中に何回も目が覚めて寝た気がしない

夜も眠れなくなります。うつ病の不眠は「熟眠障害」といい、眠りが浅く、夜中に何回も目が覚めたり、早朝覚醒して、そのまま眠れないというパターンが基本です。そのため、寝たはずなのに疲れがとれず、ちゃんと寝た気がしないという訴えになるのです。

何をしても楽しくない

いろいろなことが楽しめなくなります。ゲームをしても、お笑い番組を観ても、楽しいと思えないし、笑えないのです。これは病気のせいです。

うつ病になると、人生が楽しめなくなってしまいます。人に優しくされれば治

るというものでもなく、それを喜ぶこともできません。むしろ迷惑をかけている
という罪悪感のようなものを覚えてしまうのです。

感染症のリスクが高まる

うつ病になると免疫機能が下がります。免疫は、風邪やインフルエンザ、ある
いはコロナなどに対する防御機能といえば、イメージしやすいかもしれません。
高齢になると、ただでさえ、免疫機能は低下しています。そこにうつ病が加わ
ると、さらに免疫力が下がるわけです。そうするとさまざまな感染症に罹患する
確率が跳ね上がるのです。

コロナ感染のリスクとして基礎疾患が問題になりましたが、私は最高に危険な
基礎疾患はうつ病ではないかと考えたくらいです。

実際、高齢者の場合は、うつ病にかかったあと、感染症で亡くなる人というの
は、かなり多いのです。

ガンのリスクが高まる

ガンにかかるリスクを高めるという問題もあります。

人間の体は、一日数万個の出来損ないの細胞をつくっています。この出来損ないの細胞は、放っておくとどんどん増殖して、その一部がガンになるという説が強いのです。このガンのもとである出来損ないの細胞を掃除してくれるのがＮＫ（ナチュラル・キラー）細胞という免疫細胞になります。

実は、このＮＫ細胞は、さまざまな免疫細胞の中で、一番メンタルの影響を受けやすいといわれているのです。オーストラリアの研究では、うつ病になるとＮＫ細胞の活性は半分に下がるという結果が出ています。

つまりうつ病を放っておくと、出来損ないの細胞をＮＫ細胞が掃除しきれなくなり、ガンになってしまうリスクが高まるのです。これは、命に即つながる深刻な問題です。

要介護状態へのリスクが上がる

うつ病になると、多くの人は家に引きこもり、ほとんどが外出しなくなります。歩かない日が続くと歩けなくなるし、頭を使わない日が続くとボケたようになるのです。これは、先々要介護状態になるリスクが高まるということにつながります。

もちろん、要介護状態になると、その後不自由な生活を余儀なくされますし、余命も縮まることが分かっています。うつ病が長く続くと、その後の「生命の質」が大幅に落ちるという問題もあります。

低血糖が脳のダメージを引き起こす

うつ病になると、食欲が減るので、食事量が減ります。そうすると、栄養不足を招くことはお分かりいただけると思います。栄養不足が引き起こす問題はさまざまありますが、中でも、糖分の不足には、特に注意が必要です。

なぜなら、糖分の不足はそのまま脳のダメージとなるからです。私が長年勤務していた高齢者専門の病院、浴風会に勤務する糖尿病の医師から、こんな話を聞きました。

糖尿病のある人に、血糖値を正常にするための治療を行うと、低血糖を起こす時間が出てきます。そうすると、意識がもうろうとしてボケたようになってしまったり、失禁をしたりする人がたくさん出てくるそうです。そして、そういう人の薬やインスリンを減らすと、正常な状態に戻るというのです。

このことが意味するのは、血糖値が低いことは、脳に何らかのダメージを与えるということです。食事をとらずに、糖分が不足すると低血糖になります。これは危険なので、ぜひとも避けてください。

小学生でも、朝ご飯を抜くと学力が下がるといわれてずいぶん経ちます。低栄養、低血糖の状態に陥ることは、思った以上にダメージが大きくなってしまうのです。このことは、間違いなくうつ病を避けなくてはいけない理由の一つとなります。

実践！うつ病5つの予防策

うつ病は薬で治ることが多いので、必要以上に恐れることはありません。とはいえ、ならないに越したことはないですよね。実は、うつ病には予防法がないわけではありません。完全に予防できる病気というわけではありませんが、動脈硬化よりは、高い確率で予防できます。

予防策をこれからお教えしましょう。ぜひ生活に取り入れてみてください。必ず助けになるはずです。

1 食品でセロトニンの材料を摂る

うつ病対策には、脳内のセロトニンという神経伝達物質を増やしてやることが効果的です。セロトニンは、別名幸せホルモンとも呼ばれ、心身の安定、リラックスには欠かせない物質となります。

セロトニンの材料は、トリプトファンという必須アミノ酸なのですが、この必須アミノ酸というのは、自分の体の中でつくることができないので、体外から充分に摂らないと不足してしまいます。

トリプトファンは、タンパク質に多く含まれています。とりわけたくさん含まれているのが、**かずのこ**、**卵白**、**鰹節**、**大豆製品**、**乳製品**（**無脂肪のものは除く**）、**レバー**、**ナッツ類**などです。

これらの食品を摂ることは、うつ病予防になるし、不安な気分も楽になります。

また、イライラもしにくくなることでしょう。トリプトファンの多い食品を摂ることは賢明なことだと思います。

2 コレステロールは高めのほうがいい

さまざまな調査では、血中のコレステロール値が高い人のほうが、うつ病になりにくいことが分かっています。その理由としては、コレステロールがセロトニンを脳内へと運ぶ働きをしているからだろうと考えられています。

また、コレステロールは男性ホルモン、女性ホルモンの材料になり、老化を遅らせる働きがある他、免疫細胞の細胞膜の材料でもあることが分かっています。

コレステロールが多すぎると、動脈硬化を引き起こすリスクが高まるといい、医者はすぐに薬を出すのですが、それは考えものです。欧米のように、心臓病が死因のトップクラスの国はともかくとして、日本のように、ガンで死ぬ人が心筋梗塞で死ぬ人の12倍もいる国では、むしろ、コレステロール値は高いほうが望ましいといえるからです。

セロトニンとともに、コレステロールも一緒に増やしたいなら、**肉や乳製品**が効果的です。

3　太陽の光を浴びる

セロトニンを増やすうえで、もう一つ大切なのが、太陽の光です。食べ物からだと、血中のセロトニン濃度は上がるのですが、脳内のセロトニンが直接増えるわけではありません。脳内のセロトニンを増やすためには、日光が欠かせないのです。

網膜に日光のような強い光が当たると、脳内のセロトニン神経が活性化され、脳内でセロトニンが分泌されます。人は、日光を浴びる時間が充分でないと、セロトニン不足を起こしやすくなるのです。

ある程度以上、トリプトファンを摂っている人であれば、日光を浴びるのはもっとも効果的な脳内のセロトニン増加法、つまりうつ病の予防法といえます。

セロトニンは夜になると、脳内でメラトニンという睡眠物質に変わるため、睡眠の状態もよくなりますよ。**日光を浴びるのは午前中が効果的**です。

4 のんびり歩く程度の散歩をする

適度な運動をしましょう。特にリズミカルな運動が、セロトニンの分泌を促すとされています。ウォーキングやジョギングが望ましいといわれていますが、私は、のんびり歩く散歩程度で充分だと考えています。散歩は、比較的歩くリズムが一定になりやすく、セロトニンの分泌を促すに足る動きです。

街の景色や変化を楽しみながら歩く散歩は、視覚刺激がセロトニンの分泌を高めてくれるうえに、脳の前頭葉の刺激にもなるので、おすすめです。何より、無理なく続けられるのがメリットでしょう。**まずは3000歩ぐらいを目指して、**楽しみながら歩かれたらいいと思います。

5 映画や読書で感情を動かす

セロトニン神経の活性化には、感情を大きく動かすこともいいとされています。ただし、落ち込む感情は逆効果です。

話のネタが豊富な人との会話を楽しんだり、ドラマティックな映画を観たり、展開が激しいストーリーの本を読むというのは有効だといえます。ただし、テレビは不安を煽る情報ばかりなのでダメです。観ないほうがましですね。

ＤＶＤを借りてきて映画を観たり、ネットフリックスやアマゾンプライムビデオなどで評判のいい作品を選んで観るといいと思います。

このような予防策はかなり効果があるので、駆使してください。そして、うつ病だけは避けるのです。**充分な睡眠をとり、ストレスをためないようにする**ことも大切です。そして、**おかしいと思ったら遠慮せずに、私たち精神科医を頼ってください。**

高齢者専門の精神科医をしていると、孤独や貧困、体の不自由さなどから、こちらは「これはとても治らないだろう」と思うような悲惨なうつ病患者さんが、薬が効いたことで、びっくりするくらいよくなるケースをしょっちゅう経験します。

「寂しさにも慣れてきました」「年をとるとは、こんなものなのでしょうね」などといって、必要以上に落ち込まず、飄々とした態度をとるようになるのも、めずらしくありません。よくなっていく患者さんをみる度に、私はやはり薬は有効だという結論にたどり着くのです。

抗うつ薬の効果は、飲み始めて2週間くらいあとから出だすので、やはり早期発見、早期治療が重要だということを、今一度お伝えしておきます。

ひとりで越える依存症の壁

前述したとおり、依存症はもっともありふれた精神障害です。ここでは、依存症の中でも、特に身近なアルコール依存に焦点を当てて、話を進めていこうと思います。病気を知り学ぶことが予防へとつながるのは、依存症も同じことです。

アルコール依存症の定義

WHO(世界保健機関)は依存症を以下のように定義づけています。

「ある生体器官とある薬物(ここではアルコールのことを指します)との相互作用の

結果として生じた精神的あるいは時には身体的状態であり、その薬物（アルコール）の精神作用を体験するため、あるいは、時にはその薬物の欠乏から来る不快を避けるために、その薬物（アルコール）を継続的ないし周期的に摂取したいという衝動をつねに有する行動上の、ないしは他の形での反応によって特徴づけられる状態」

このような状態を依存症と呼ぶのです。ごく分かりやすくアルコール依存として説明するとこうなります。

アルコールを飲むと気持ちが楽になり、体がリラックスした状態になったりします。その「状態」を年がら年中欲して仕方がないとか、逆に、アルコールが切れたときに不快に感じてしまって、我慢できないからアルコールが欲しくて仕方がない状態になってしまうとか、そういった状態のことをアルコール依存症というわけです。

依存症には、精神的に依存してしまうということの他に、成分が切れたときに生じる禁断症状がひどく、それが我慢できないからやめられないという二つの概念があります。これが、依存症のこわさです。

アルコールで一番危険なのは、ひとり飲みです。ひとりだと、もともと飲んでいた人は、気を紛らわせるためにさらに飲むことになります。飲んだことがない人でも、寂しさに任せて飲んでみたらけっこう飲めてしまったということもよくあることです。

飲めるとちょっと気分が楽になる面はあります。そこで、ひとりだと止めどもなくなるわけです。やっぱり、**お酒は人と飲むのが当たり前**だと考えたほうがいいと思います。憂さ晴らしをすることは、悪いことではありませんが、ひとりでやってはいけません。誰かに話を聞いてもらいながら飲むほうが、寂しさも解消されるというものです。お酒を飲む目的は、ストレス解消だということを忘れないでください。

もっとも、アルコールについては、日本のシステムもおかしいとは思うのです。他の国はだいたい23時を過ぎるとお酒が買えなくなるのですが、日本は、24時間お酒が買えてしまいます。世界的に見ても、こんな国はなかなかありません。これが非常に悪い。アルコール依存症が増えても仕方ありません。

本当に日本の政府というのは、商売が儲かれば人の命などどうなってもいいと思っているところがあります。おまけに、テレビでのコマーシャルです。WHOは、テレビでのお酒のコマーシャル、特に飲酒シーンを含むコマーシャルはやめるように、散々いっているのです。それを、大スポンサー様だからと無尽蔵に垂れ流す。あれでは、アルコール依存になることを煽っているようなものです。

たまに、テレビで人の命が大事だと報道されますが、そんなことをテレビ局がいうのは、鼻でおかしいといっていいでしょう。だから、私はテレビを観るなというんです。まったく信じられない。

これがアルコール依存症の実体！

アルコール依存症の診断基準は非常にきびしいものです。たとえば、以前は一合で酔えたのが二合飲まないと酔えない。これは耐性ができたからなのですが、それだけで、アルコール依存症の項目の一つとカウントされます。

アルコール使用障害（DMSではアルコール依存症をそう呼んでいます）の判断基準は概ね以下の通りです。確認してみてください。

以下の二つ以上が12か月以内に起きる

- 意図したより大量、または長時間使用
- 使用を減らしたり制限しようとするが成功しない

● アルコールを得るために、使用するために、そこから回復するために多くの時間を費やす
● 渇望
● 反復的な使用により、職場・学校・家庭で責任を果たせない
● 社会的、対人的な問題が起き、悪化しているにもかかわらず使用を続ける
● 使用のために社会的、職業的、娯楽的活動を放棄したり縮小している
● 身体的、精神的問題が悪化していると感じていても使用を続ける
● 耐性
● 離脱症状（長時間かつ大量のアルコールを摂取していた人が摂取量を減らすことで現れる症状で、発汗、手の震え、不眠、吐き気または嘔吐などが含まれる）

激しい欲求により、コントロールを喪失し飲酒。次第に耐性がついて、飲酒中心の生活になってしまう。そして、飲みすぎだと思いながらもやめられない。こ

ういった診断基準に2項目当てはまってしまったら、それでアウトとなります。酒飲みであれば、誰でも経験していることだと思いたいでしょうが、それは大きな間違いです。ほとんどの人が、このような問題は抱えていません。まずは、自覚してください。

二つでも当てはまったら、アルコール依存症だと診断しようということになったのは、それだけ広く、早めに、こういった状態を病気とみなしたほうがいいという考えが背景にあります。

アルコール依存症は危険な病気です。本当にひどくなってしまうとなかなか治りません。

だったら、そうなる前に診断をして、そうならないように治療をするというのが、医学的な考えかたです。ですから、世間では「少しお酒のコントロールが悪い」とか「やめられないだけ」といったレベルの人でも、アルコール依存症の診断を下したほうがいいのです。

そして、自分は病気なのだという自覚を持たせつつ、きちんとした生活指導や場合によっては投薬、あるいは自助グループのようなものに入ることを勧めながら、お酒をコントロールするべきなのです。

ある統計によるとアルコール依存症の患者さんの10年後の死亡率は、なんと30〜40%にも上ったということです。それほど**死に直結する病気**だということを今一度ご理解ください。

和田流
依存症回避の秘策

私自身が考えている依存症回避の方法を特別にお教えします。

依存症の心理的治療の基本は、物質や行為に対するいびつな依存を**「人に対す**

る妥当な依存にしていくこと」です。

実際、依存症というのは、アルコールでもギャンブルでも、大勢で連れ立って行うことはきわめてまれで、孤独感や疎外感に強く関連するものだと考えられています。他の「人」に妥当に依存できるようになれば、物質や行為への依存が大幅に緩和され、依存症からの脱却や再発予防につながるのです。

これが、私の秘策です。効果絶大ですよ。

アルコールの他にも、ギャンブル依存もごく身近で、注意が必要です。

ギャンブル依存の日本における第一人者の帚木蓬生（ははきぎほうせい）先生は、その著書『やめられない　ギャンブル地獄からの生還』（集英社）で「進行性で自然治癒がない」と断言しておられます。一度なってしまったら、元に戻ることは容易ではありません。そのことを肝に銘じておいてください。

寂しさ、孤独にかこつけて依存症になってはいけません。必ず後悔します。負けそうになったときは、和田のことを思い出して何とか回避してください。あなたにはそれができるはずです。

第六章

ひとり老後は最高

いつまでも元気でいる食事とお金

ひとり暮らしの
おすすめ食事メニュー

昔に比べたら、ひとり暮らしは圧倒的に楽になっています。外食もしやすいし、けっこう美味しいお弁当屋さんもたくさんあります。デパ地下やスーパーも活用できますよね。食べることに関しては、あまり心配はいらないでしょう。

どうしても手作りのものが食べたい。でも、致命的に料理ができない。などという場合は家事代行サービスがあります。一週間に一回のサービスでしたら、月に3万円ほどで済むはずです。

夫や妻に先立たれたという寂寞感は、最低限の生活が成り立たないときに感じるものです。食事や家のことができていたら、ひとりのみじめさは、まず感じません。

さて、ある程度のことはできると仮定して、具体的に摂ってほしい栄養素や食事内容について話を進めていくことにしましょう。

コンビニ弁当とラーメンがいい

「肉」「魚介類」「卵」「大豆・大豆製品」「牛乳」「緑黄色野菜」「海藻類」「イモ」「果物」「油を使った料理」この10品目を食べている人ほど筋肉量が多く、握力や歩く速さなど身体的機能も高いとされています。

これらをバランスよく摂ることができればいいのですが、こんなにたくさんの栄養素を摂るのは大変なことです。そこで、解決法の一つとして「コンビニ弁当」の利用を提案します。

コンビニ弁当は、食品添加物が気になるという人もいるかもしれません。しかし、仮に食品添加物の影響を受けるとしても、それはずっと先のことです。今すぐ、体を悪くするなどということはありません。高齢になったら、**10年後の健康のために食事をするより、今日という一日のために食事をする**ことのほうがはるかに重要です。

コンビニの幕の内弁当などは、おかずの種類が豊富で非常にバランスがとれています。多くの種類の食材から栄養素を摂るためには、合理的なのです。

私は、ラーメンが好きでよく食べにいくのですが、最近のラーメンは非常によく考えられています。

今のご時世、化学調味料を使わないお店が増え、スープにコクを出すために20〜30種類もの食材を煮込んでいたりします。つまり、そのスープを飲むことで、20〜30種類の食品の栄養素を摂取できるということになるのです。効率がいいと思います。

これは体にいい、これはダメと決めつけず、ほどよく中食や外食を取り入れていきましょう。何でも食べる人のほうが、心も体も元気であり続けられます。

肉食のススメ

他にも、老化を防ぐ食材や、メニューはたくさんあります。

脂肪については、オリーブオイルなどに含まれるオメガ9脂肪酸、脂ののった魚に含まれるオメガ3脂肪酸は、細胞レベルで必要な脂肪なので、気にしないで摂ってください。

気をつけてほしいのは、マーガリンやマヨネーズに含まれるトランス脂肪酸、肉の脂身やバター、ラードなどに含まれる飽和脂肪酸です。これらは、血液をドロドロにして細胞の炎症を引き起こしかねないとされています。

こってりしたものが食べたいな、というときは、なるべく「いい脂」を摂ることをおすすめします。たとえば、ドレッシングの代わりにオリーブオイルとレモンを絞ってサラダにかける。「昨日は肉を食べたから、今日は魚にしよう」そんな程度でかまいません。

一番食べてほしいものは、ずばり肉です。日本人は肉の摂取が少ない。私はあらゆる機会をとらえて「肉を食べよう」といい続けています。

肉を食べて、タンパク質を充分に摂ることで、筋肉量が増え、年をとってもスタスタ歩ける足腰をキープすることができます。肉にはセロトニンの材料となる必須アミノ酸のトリプトファンが多く含まれているので、食べておけば、意欲の低下やうつ病の予防にもなるのです。肉は必須といっていいでしょう。

老年医学の専門家である柴田博先生は、国内外の百寿者を対象に長期に渡る調査を行い、長寿の人に共通する健康習慣を分析しました。豊富な臨床経験と、綿密な調査に基づいた柴田先生の意見や指摘は、説得力があるので、私は大いに参考にしています。

柴田先生の指摘によっても、日本の長寿者の特徴は動物性タンパク質（肉）の摂取割合が高いということです。

肉に含まれる動物性タンパク質を摂ることで、血液中に増えるアルブミンという物質は、脳卒中、心筋梗塞、感染症の予防に効果があります。柴田先生の調査によると、血液中のアルブミンが低い人ほど早期に死亡しているとのことです。肉の摂取量が高くなるほど、病気のリスクが低くなると柴田先生は指摘しています。

敬遠されがちなコレステロールも、低下すれば意欲がなくなり、惚けたような症状が出ます。年をとったら日々の食事で肉を積極的に食べ、コレステロールを摂る必要があるのです。なお、**一日にとる肉は120～150グラム程度**が適量です。

とはいえ、毎日、肉をこれだけの量食べるのはしんどいという人もいるでしょう。

その場合は、魚はもちろん、豆腐、納豆などの大豆製品を積極的にとりましょう。特にサバやイワシなどの青魚は、血栓をできにくくして、心筋梗塞や脳梗塞を予防するＥＰＡやＤＨＡといった必須脂肪酸が多く含まれているので病気予防になります。大豆製品は、良質なタンパク質が含まれているだけでなく、ミネラルや食物繊維も豊富なので、体にとって、非常にお得です。

一日に必要なタンパク質は、体重1キログラムに対して1グラムです。体重60キログラムなら60グラムのタンパク質が必要になってきます。ただし、タンパク質から筋肉をつくる効率は年をとるにつれて落ちてしまうので、私たち世代は、**体重1キログラムあたり1・2グラム程度のタンパク質を摂取するのが理想**です。

肉100グラム中、豚ヒレは22・2グラム、鶏モモ肉は17・3グラム、和牛サーロインは17・1グラム程度のタンパク質が含まれています。卵は1個（60グラム）

につき7・4グラム、木綿豆腐は1丁（300グラム）につき21グラム、納豆は40グラムにつき6・6グラム、牛乳は200ミリリットルにつき6・6グラム程度のタンパク質が含まれています。参考にしてください。

タンパク質は、体内で貯蔵できないので、一度にたくさん食べても意味がありません。一日3食で、肉、魚、卵、乳製品などの動物性タンパク質と、大豆や大豆製品などの植物性タンパク質をまんべんなく摂ることが大切なのです。

シャキッと元気な体をつくるには、栄養をしっかり摂らなくてはなりません。中でもとりわけタンパク質は重要なので、意識的に摂るように心がけてください。

赤・黄・緑。色の濃い野菜を食べる

細胞が炎症を起こし、体が酸化することで、老化は進みます。元気にしゃっきり生きるためには、**体の酸化を防ぐことが重要**なのです。食品の中には抗酸化作用を持つものがあるので、これらを上手に活用して、中からも、錆びない体をつくっていきましょう。

特に、**赤、黄、緑といった色の濃い野菜は高いアンチエイジング効果が認められています。**緑黄色野菜の天然色素には、αカロテン、βカロテン、リコピン、ルテインといったカロチノイド類が豊富です。これはなんとビタミンEの1000倍もの抗酸化力を持つといわれているのです。摂らない手はありません。

特に、カロチノイド類が豊富な緑黄色野菜は、ニンジン、トマト、ホウレンソウ、グリーンピース、ブロッコリー、エダマメなどです。

その他、キャベツ、ハクサイは、抗酸化物質のビタミンA、C、Eが豊富に含まれており、セロリ、カブの葉、トウモロコシ、アボカド、メロンなどは強力な抗酸化物質のルテインを多く含んでいます。

果物では、ベリー類に脳と心臓を保護する抗酸化物質、アントシアニンが豊富なので、意識して食べていただきたいです。ベリー類とは、ブルーベリー、ラズベリー、ブラックベリー、カシス。おなじみのイチゴもベリー類です。ちなみに、リンゴ、プラム、ピーマンもアントシアニンが豊富な食品です。

生で食べれば、野菜や果物に含まれる酵素も体内に摂り込むことができ効率的です。

一日3食＋間食がベスト

食事のとりかたにも気を遣ってみましょうか。体の機能がスムーズに働くようになります。

ここでは、何時にどんなものを食べたらいいのかという具体的なメニューを紹介していきます。

栄養は、一定のインターバルで補給すると吸収がいいので、やはり「一日3食

＋間食」がベストな間隔です。摂りすぎるのも、不足するのもよくありません。
また、人間の臓器は、実はかたときも休みなく働いているわけではありません。それぞれ、決まった活動時間を持っています。その活動時間に合わせて、最適な食事をとることが重要となってきます。内臓が休んでいるときに、栄養を摂ることは、ホルモンバランスが崩れる要因となるので注意しましょう。

朝食（7〜9時）

朝に消化活動が盛んな臓器は肝臓です。肝臓の役割は、脂肪の分解とタンパク質の合成なので、**朝のうちに一日のエネルギーのもととなる脂肪とタンパク質を摂ってください。**

ただし朝食では炭水化物は少量にとどめておきましょう。エネルギー燃焼のために炭水化物は必要ですが、インスリンの分泌を促す膵臓がこの時間はまだ眠っています。

ご飯ならお茶碗1杯。食パンなら1枚程度と軽めにしておくのが無難です。野菜や果物を100グラムほどとるといいと思います。

ということは、朝から脂肪たっぷりのお肉!?　と驚かれるかもしれませんが、理論上、これがもっとも内臓への負担が少ない食べかたとなっています。

何も絶対に、朝からステーキを食べろとはいっていません。日本の伝統的な朝ご飯のように、焼き魚に納豆、豆腐や野菜の入った味噌汁、という食事内容で、脂肪やタンパク質が充分に摂れます。バランスのいい、和朝食もおすすめです。

ついでといったら何ですが、私の朝食もご紹介しておきましょう。

朝食は軽めですが、おにぎりとヨーグルトを必ずとるようにしています。ヨーグルトにはターメリック、シナモン、コリアンダーの三つのスパイスをミックスしたものをかけます。これらのスパイスは、いずれも抗酸化作用に優れ、動脈硬化予防になると聞き、かれこれ5年は続けています。

三つのスパイスは、一つの瓶に同量ずつミックスして入れておくと便利です。

この抗酸化スパイスが私の血管に功を奏したのか、50代のときに測定したとき80歳だった血管年齢が、今は、実年齢の60代まで下がりました。

インドの人は、心筋梗塞やガンが少ないのですが、これは、料理で多用するスパイスの抗酸化作用が大きな要因といわれているのです。

人生は一回しかありません。

スパイスだろうが何だろうが、いろいろ試してみるのが私流なのです。

昼食（12〜14時）

ランチどきも、肝臓の代謝機能は高い状態を保っています。そこで、**昼食も夕ンパク質をメインに摂ってしまいましょう。**

野菜は、朝食よりも多めに200グラム程度を目安にしてください。

昼食は、エネルギーを効率よく燃やすために、炭水化物を摂りたいところです。

ここでも、サバやブリといった脂ののった魚を使った焼き魚定食や、マグロやサケなどの刺身定食は、理想的な食事内容といえます。

魚の中でも特にサケは、オメガ3脂肪酸が豊富で、抗炎症作用があるため、毎日1~2切れのサーモンを食べるのが推奨されています。

私は、ラーメンが大好きなので、ランチは時間があれば、列に並んででも好きなラーメンを食べにいったりします。いい気分転換にもなります。

間食（16~17時）

おやつは「**4時のおやつ**」と心得てください。16~17時頃になると、ようやく糖を分解してくれるインスリンを分泌する膵臓の働きがピークになります。甘いものが食べたい人は、この時間を逃さないでください。

糖の吸収は早いので、膵臓が眠ったままの状態で甘いものを食べると、膵臓にかかる負担が大きくなってしまいます。この時間帯以外に甘いものを食べると、眠っている膵臓を無理に起こして活動させるようなものなので、膵臓が著しく疲れてしまうのです。そうなると、肝臓をはじめ、他の細胞にもそのダメージが蓄積されることになります。くれぐれも、甘いものは「4時のおやつ」にとるようにしましょう。

おすすめは、カカオ成分70％以上のダークチョコレートを2かけら程度です。カカオは、抗酸化物質を含む他、セロトニンやドーパミンもつくってくれる嬉しい食材です。私たち世代にぴったりですね。

また、**この時間帯に果物をとることもおすすめです。**リンゴ、イチゴ、ベリー類、モモ、オレンジ、洋ナシ、プラムなどは抗酸化作用が高く、血糖値の上昇も緩やかなので、内臓への負担はより少なくすみます。

夕食（19〜21時）

この時間帯は、朝、昼と働いてきた肝臓と「4時のおやつ」で活発になった膵臓が休むときです。夜は、肝臓と膵臓をきちんと休ませます。この時間は、活発な動きをする胃と腎臓に働いてもらいましょう。

夕食は、肝臓を休ませるために、**肉類などの動物性脂肪を控えて、野菜中心にします。**

動物性脂肪は、体内で完全燃焼できないため、肝臓への負担が大きいのです。ただし、魚の脂肪やエキストラバージン・オリーブオイルはＯＫです。

膵臓を休ませるために、炭水化物、砂糖、アルコール、果物もなるべく控えます。アルコールは赤ワインをグラスに1～2杯程度なら飲んでもかまいません。アルコールは食事中に飲むことで、血糖値の急激な上昇を抑えることができます。

私の楽しみは、一日の終わりに、ワインを飲みながら夕食をとることです。時間は午後8時くらい。遅いときは、10時をまわることもあります。それでも、ガッツリ食べます。赤ワインを飲むときは肉を、白ワインのときは魚介類を食べます。夕食の時間を彩るワインをやめるつもりは、今後もありません。ということで、前述の話とは違いますが、食事は楽しむことが一番と信じています。

「いつ、何を食べるか」ということを意識するだけで、体も見た目もぐんと若返ります。試しに、実行してみてください。違いを感じると思います。

食事の摂りかたについて、もう少しポイントをお教えします。

一つ目のポイントは、**食事ではタンパク質から先に摂る**ということです。炭水化物や糖分を先に食べると、血糖値が急激に上昇してしまい、インスリンがどっと出ます。これは、膵臓に負担が大きくおすすめできません。

また、すぐに血糖値が下がるため、満腹感もなかなか得られないのです。

先にタンパク質を摂ると、血糖値の上昇が緩やかになり、内臓への負担も減ります。

まず、肉や魚、大豆製品などを食べ、それからご飯やパン、最後にデザートという順番を守ってください。この順番だと、血糖値の激しい上がり下がりがなく、細胞の炎症を防ぐことができます。

二つ目のポイントは、**毎食エキストラバージン・オリーブオイルを大さじ1杯ほど摂る**ことです。オリーブオイルは抗酸化作用に優れ、体脂肪を燃やす手助けをしてくれます。

中でもエキストラバージン・オリーブオイルは、混じりっ気がない非加熱の食材なため、より効力を強く感じることができます。

あくまでも理想ですが、食事の摂りかたについて、これだけの知識があれば、完璧なひとり暮らしができるはずです。

老後資金に困ったら

夫であれ、妻であれ、亡くなった方が厚生年金に加入していたら、**遺族年金**についで調べることをおすすめします。複雑な仕組みなので、理解するまでに時間がかかるかもしれませんが、放棄しないようにしてください。

たとえば、あなたが夫を亡くした妻であると仮定します。夫は厚生年金を月に15万円ほどもらっていたとしましょうか。この場合、夫が受け取っていた老齢厚生年金の額の4分の3を遺族厚生年金として受け取ることができます。仮に年金月額15万円のうち6万円が国民年金、9万円が老齢厚生年金だとすると、9万円の4分の3に当たる6万7500円が遺族厚生年金になるというわけです。

遺族年金は、受け取る側の状況や年齢により、増額されたり減額されたりするので、必ずいくらもらえますと断言できない制度です。たとえば遺された側の人の年収が850万円（所得でいうと655万5000円）以上あったら、そもそも受け取ることさえできません。

詳しいことは、年金事務所や年金センターに相談にいくと分かるかと思います。厚生労働省や日本年金機構のホームページで検索してみるといいでしょう。

手にする年金では足りないとなったら、やはり働くことをおすすめします。夫や妻を亡くした方なら、特にです。悪くても最低賃金は稼ぐことができます。それを年金に足せば、そこまでつらくない生活が送れるはずです。

広い家も必要ないので、売却してもいいのではないでしょうか。ひとりで生活するのであれば、コンパクトな部屋のほうが便利です。老後というものは、資産や貯金を切り崩して生活するのが当たり前です。今がその時期だと心得ましょう。

どうしても、住み慣れた自宅から出ていくのは忍びないと感じるのでしたら、不動産を担保に生活資金やレジャー費を、一時金または年金形式で借りることのできる「リバースモーゲージ」という貸付制度もあります。これは、持ち家（戸建て）を担保にして、金融機関から融資を受けるシニア層向けの制度です。

その家に住んだまま、返済（精算）は、死亡時に家を売却するというかたちをとります。元本の返済が最後になるので、リバース（＝逆）モーゲージ（＝担保・抵当権）というわけです。この制度を利用すれば、生きている間は、自宅に住みながら毎月お金が入ってきます。日本ではまだあまり活用されていませんが、海外では利用者が多く、年金生活以上の豊かな暮らしを実現している人がたくさんいます。

ただ、利用するためには、条件があったり、金利が変動制だったりと少し複雑なところもあるので、検討したいという方は、銀行などで開かれているセミナーに参加し、勉強してみるといいでしょう。

この他、自宅に住み続けて資金調達する方法として「リースバック」というものもあります。これは、家を売却して現金化したお金で家賃を払っていくというものです。家の所有権はなくなりますが、一戸建てだけでなく、マンションも売却可能です。シニア向けのリバースモーゲージと違い、年齢制限がない点がメリットです。

持ち家がないという人は、貯金を使い切ってしまえば、生活保護が受けられます。情けない政府ではありますが、日本という国は、そんなに福祉の悪い国ではないのです。ひどく心配する必要はないでしょう。

体が動かなくなれば、介護保険も使えます。

お金については、結局、何とかなってしまうと考えていいと思います。

知っておきたい
介護保険制度

介護が必要になったときは、地域包括支援センターに相談しましょう。専門知識を持ったスタッフが、個別に詳しく相談にのってくれます。希望や状況によっては、相談員が自宅を訪問してくれます。老後は、ひとりで乗り越えるわけですから、どうしようもなくなる前に、相談をする必要があります。出遅れてはダメです。

介護申請の際には、介護保険証を持って、市区町村の窓口へ行き「要介護認定の申請」を行います。後日、市区町村の調査員らが自宅を訪問し、現在の心身状態を確認し、日常生活や家族のことなどについて聞き取り調査をします。そして、かかりつけ医の意見書と合わせて審査し、等級が決まるという流れです。

介護認定を受けると、デイサービスやショートステイの利用、車椅子や介護用ベッドのレンタルはもちろんのこと、転倒防止のため、自宅内に手すりをつけたり、段差をなくしたりといった、バリアフリー化へのリフォームなどにも補助金が出るようになります。

「要支援1」でも、週に一回はヘルパーさんが自宅にきてくれますので、ひとり暮らしであれば、そのときに洗濯や掃除を頼むことができます。

要支援1の支給限度基準額は月に5万320円、もっとも重い「要介護5」で月に約36万2000円です。自己負担額は、1割負担の人の場合、要介護5で約3万6000円。収入が多い人は、これが3割負担になります。

足腰が弱り、自力で立ち上がったりスムーズに歩行したりするのが難しくなると、だいたい「要介護3」くらいの認定が受けられると思います。そうすると、金銭的な負担をあまり感じることなく、特別養護老人ホームに入居することができるので、覚えておいてください。

また、訪問看護や往診、訪問リハビリもわりと充実してきているので、死ぬまで自宅で過ごすということも、現実的になってきています。希望する方は、かかりつけ医やケアマネージャーに相談するとよろしいかと思います。

介護保険法は、高齢者介護の現状をふまえて3年ごとに改正されるので、これからさらに改善されることを期待していきましょう。

現状としては、施設の設備も職員の質も向上してきています。今は、充分なケアが受けられるようになっているので、不安に思う必要はありません。日本では、介護保険の認定さえあれば、寝たきりになっても経済面の心配はほとんどないといっても過言ではありません。

ヨボヨボになってしまったら支出が激減するわけですし、多くの人が年金の範囲内で過ごすことができるのです。つまり、何とかなるのです。

おわりに——死ぬまで思い切り楽しむ

死ぬのはそんなにこわくありません。
誰もがいつか死ぬのですから、当たり前のことなのです。
自分の死、そして家族や身近な大切な人の死、まわりの大切な人を失ったとき、
悲しくて寂しくてたまらないかもしれません。
ひとりになったこれから、あなたの本当の人生が始まります。
多くのことから解放されて、自由にひとり暮らしを楽しんでください。
いつか死ぬのだから、ひとりを存分に楽しんでください。
楽しむ。異性と触れ合う。趣味を持って暮らす。

ひとりになったからには、何をするのも自由です。咎める人は誰もいません。そう考えると心が浮き立つものです。

家事も慣れてしまえばどうということはありません。ネットショッピングで手軽に買い物するのもいいですが、運動がてら近所のスーパーまで出掛けてみるのはいかがでしょうか？　外の空気を感じ、草花を目にすれば、自然と心も晴れやかになります。

かつての同級生や同僚と会ってみるのも一興です。多くの人たちが亡くなった今、最後に会えるというのも幸せなことです。

昔と比べ競争がなくなった、社会的な地位も関係なくなった年代になると、新しい関係性が生まれることがあるからです。お互いに肩書がなくなった途端、急に仲がよくなったなどというのはよく聞く話です。

みんな身軽になったからバンド活動を再開した。ネットで面白い動画を発信している。そんな高齢の方たちも知り合いにはいます。

文章を書くことが好きなら、何か書いて、SNSで発表してみるのもいいですね。今は、何が流行るか分からない時代です。チャンスをつかめるかもしれません。

人は長く生きれば生きるほどひとりになるものです。子供は家を出ていくし、伴侶を病気で失うこともあるし、親友との永別もあります。でも、そんな中でも皆さん幸せに生きています。

ひとりで生きることは「本当の自分に戻ること」なのです。

本書では、死ぬことを必要以上にこわがらない、不安にならない、大切な人を亡くしてもひとりで幸せに生きる方法や心の持ちよう、あてになる先の見込みを書きました。

もちろん、今あなたが抱えている寂しさの解消法もできる限りお伝えしたつもりです。

最後までお付き合いいただき、ありがとうございました。

本書を読んでみて、少しでも気が楽になったとか、前向きに生きられるかもと思っていただければ、とても嬉しく思います。

死ぬ恐怖や不安や寂しさを感じるのは、同じ人間でも時によって違ったり、日によって違ったり、シチュエーションによって違ったりするものです。特に体調が悪いと寂しさを強く感じることがあります。

でも、ちょっと調子がよくなると、嘘のように寂しさが消えていくのです。

あなたの人生はあなただけのものです。

これまで頑張ってきたのだから、残りの人生は好きなように生きればいいのです。自由こそ、人間にとっての最上級の幸せです。

何度でもいいます。あなたは、ひとりになれたのです。
不安や悲嘆に暮れるなんてバカなことだと思います。

2025年　和田秀樹

死ぬのはこわくない

それまでひとりを楽しむ本

2025年2月15日　初版第1刷発行

著者	和田秀樹
発行者	笹田大治
発行所	株式会社興陽館 〒113-0024 東京都文京区西片1-17-8 KSビル TEL 03-5840-7820　FAX 03-5840-7954 URL https://www.koyokan.co.jp
装丁	長坂勇司（nagasaka design）
校正	新名哲明
編集協力	安齋裕子
編集補助	飯島和歌子　木村英津子
編集・編集人	本田道生
印刷	恵友印刷株式会社
DTP	有限会社天龍社
製本	ナショナル製本協同組合

Printed in Japan
ISBN978-4-87723-336-5 C0095

死ぬまでひとり暮らし

死ぬときに後悔しないために読む本

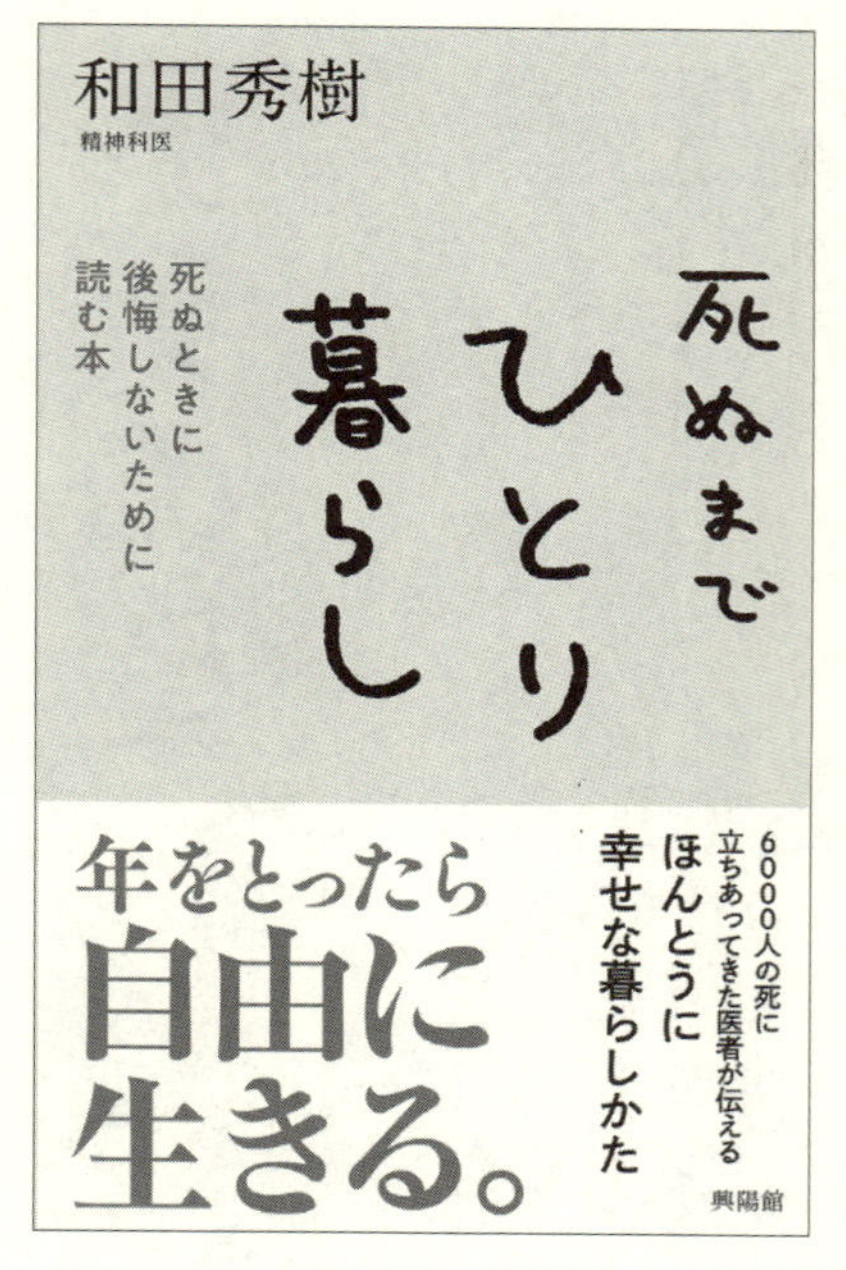

和田秀樹

本体 1,000 円 + 税　ISBN978-4-87723-320-4 C0095

60万部大ベストセラー『80歳の壁』著者・和田秀樹のひとり暮らし生き方本!!　6000人の死に立ちあってきた医者が伝える、ほんとうに幸せな暮らしかたとは。